汽车焊接工艺

主　编　刘丽红　赵洪生

副主编　王学雷　芮静敏

参　编　姚　佳　李　显　徐美德

机械工业出版社

"汽车焊接工艺"是汽车制造类专业的重要课程。本书主要内容包括汽车焊接及焊接安全认知、CO_2 气体保护焊焊接操作、电阻点焊焊接操作、螺柱焊焊接操作、激光焊焊接操作、焊接质量控制共 6 个项目。每个项目的"知识准备"图表丰富、资料充实，每个工作任务的实施步骤都有配图说明，清晰明了。每个任务后配有实操考核评价表，便于教师或学员进行评价。

本书既可作为高职院校汽车制造类专业的教材，也可作为汽车制造企业焊装工作岗位群技能培训、等级工考核等的参考书。本书对重点、难点内容配有二维码视频链接，读者可通过手机扫描观看。

本书配有电子课件等资源，凡选用本书作为教材的教师均可登录机械工业出版社教育服务网（www.cmpedu.com）注册后免费下载，或联系编辑索取（010-88379756）。

图书在版编目（CIP）数据

汽车焊接工艺/刘丽红，赵洪生主编. —北京：机械工业出版社，2023.6
ISBN 978-7-111-73023-1

Ⅰ.①汽… Ⅱ.①刘… ②赵… Ⅲ.①汽车-焊接工艺 Ⅳ.①U472.4

中国国家版本馆 CIP 数据核字（2023）第 068266 号

机械工业出版社（北京市百万庄大街 22 号 邮政编码 100037）
策划编辑：谢熠萌　　　　　　责任编辑：谢熠萌
责任校对：肖　琳　赵文婕　　封面设计：严娅萍
责任印制：常天培
北京机工印刷厂有限公司印刷
2023 年 7 月第 1 版第 1 次印刷
184mm×260mm·9 印张·216 千字
标准书号：ISBN 978-7-111-73023-1
定价：39.80 元

电话服务　　　　　　　　　　网络服务
客服电话：010-88361066　　机　工　官　网：www.cmpbook.com
　　　　　010-88379833　　机　工　官　博：weibo.com/cmp1952
　　　　　010-68326294　　金　书　网：www.golden-book.com
封底无防伪标均为盗版　机工教育服务网：www.cmpedu.com

前　言

汽车产业是推动新一轮科技革命和产业变革深入发展的重要力量，是加快建设制造强国的重要支撑，是国民经济的重要支柱。汽车制造企业迫切需要大量素质高、专业技术全面、技能熟练的大国工匠、高技能人才，尤其是掌握汽车焊装技术的高技能人才。本书注重岗位职业能力的培养，将汽车焊装生产线操作工国家职业技能标准的要求融入教材，培养学生的汽车焊装知识和技能，与高职专业人才培养目标相适应。

本书以专业人才培养目标为依据，以专业能力结构为主线，在素养目标、正文、小课堂、实施步骤、任务评价等环节融入党的二十大精神，用社会主义核心价值观铸魂育人。同时本书紧抓国家推进教育数字化机遇，将二维码等数字资源融入教材，助力学生学习成长。

本书采用项目化编写体例，项目的选取以汽车制造企业典型焊装工作为主，包含汽车焊接及焊接安全认知、CO_2 气体保护焊焊接操作、电阻点焊焊接操作、螺柱焊焊接操作、激光焊焊接操作、焊接质量控制。本书紧盯汽车制造行业技术和产业升级需求，将新技术、新工艺、新规范纳入教材，引入典型企业生产案例，采用丰富的表现形式呈现课程内容，满足以任务驱动为导向的教学做一体化要求。本书既可作为高职院校汽车制造类专业的教材，也可作为汽车制造企业焊装工作岗位群技能培训、等级工考核等的参考书。

本书由具有多年教学工作经验的教师团队和具有丰富实践经验的企业焊装专家共同编写。本书由北京电子科技职业学院刘丽红、北京奔驰汽车有限公司焊装首席技师赵洪生担任主编，北京电子科技职业学院王学雷、天津职业大学芮静敏担任副主编，北京电子科技职业学院姚佳、李显、徐美德参与了编写。本书在编写过程中得到了北京奔驰汽车有限公司的大力支持，参考、引用了相关专家的文献及意见，在此谨向企业和专家表示感谢！

由于汽车焊装技术发展、更新较快，编写人员水平和实践经验具有局限性，书中难免有疏漏与不足之处，敬请广大读者提出宝贵意见。

编　者

二维码清单

名称	图形	名称	图形
1. CO_2 保护气		8. 车门点焊	
2. CO_2 气体保护焊熔滴过渡		9. 焊接接头	
3. 点焊原理及接头形式		10. 焊接检验分类	
4. 点焊工艺过程及基本特点		11. 焊接缺陷定义及分类	
5. 点焊焊接参数		12. 焊接裂纹	
6. 点焊过程控制		13. 焊缝气孔	
7. 点焊质量控制		14. 夹渣、未熔合、未焊透、形状和尺寸不良	

目 录

项目 1

汽车焊接及焊接安全认知

【知识目标】

1. 了解汽车结构以及各部分的名称。
2. 熟悉汽车焊接的基本焊接方法的种类。
3. 掌握汽车制造常用焊接方法。
4. 熟悉焊接安全要求。

【能力目标】

1. 能够分辨汽车车身的不同部件。
2. 能够正确进行焊接方法的分类。
3. 能够按照安全生产要求与规定正确穿戴劳动防护用品。

【素养目标】

1. 培养高质量发展的意识。
2. 树立"安全第一、预防为主"的安全生产理念。

知识准备

　　焊接是汽车制造中一项重要的工艺,焊接的质量直接影响整车的安全性和使用寿命。如果汽车车身焊装不良以及质量不达标,可能会导致后续成品车外观变形,甚至造成成品车的漏雨、胎噪过大、漏风等缺陷。汽车车身是批量生产的,如果焊件的缺陷到了下一个工序才被发现,则需要进行补焊、补漏、矫正,这直接影响了流水线的作业进度。因此,控制和提高焊接质量对保证整车的质量和生产率有着重要的意义,焊接质量应该引起足够的重视。

一、汽车结构及焊接种类

1. 汽车结构

(1)汽车总成结构　　汽车一般由发动机、底盘、车身和电气设备四个基本部分组成。

如果把一辆汽车比作一个人，那么车身各部件就是一块块"骨骼"，而正是现代先进焊接技术的应用才使汽车的一块块"骨骼"成为一个有效的车身整体，从而使车身成为整个车辆系统强大的载体。

汽车生产中结构件的焊装分为车身的焊装、车门的焊装、车架的焊装以及其他部位的焊装（如燃油箱、排气管、轮毂、传动轴、散热器、后桥外壳等）。

（2）汽车车身　汽车车身是一个复杂的薄板冲压件壳体，它由数百个薄板冲压件通过装配和焊接形成一个完整的车身壳体。汽车车身在乘用车领域通俗地称为白车身。车身是汽车的基体，它不仅要承受来自汽车内、外部的所有力和力矩，为乘员和货物提供保护，还要满足用户对汽车外观质量日益苛刻的高要求。汽车车身应与汽车其他部位构成一个优美、完整的艺术造型，应具有"承力、保护、美学"三大最基本的特点。

对汽车车身的要求如下：

1）车身结构必须能够承受在整个使用寿命期间可能遇到的所有静力与动力负荷。

2）车身结构应具有隔声功能，能够有效地消减车内、外噪声。

3）车身结构必须提供舒适的车内空间，并具有良好的行驶平顺性与操纵性。

4）质量小，风阻低。

5）保证驾驶人视野，发生事故时能对驾驶人和乘员起到保护作用。

6）材料来源丰富、便宜，制造装配简易、效率高、成本低、绿色低碳。

汽车车身结构如图 1-1 所示。

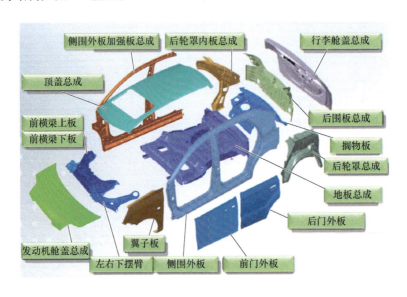

图 1-1　汽车车身结构

汽车车身总拼主要由地板总成，左、右侧围外板，后围板总成，顶盖总成等组成。车门、发动机舱盖总成、翼子板与车身总拼合成白车身总成。

地板总成的质量的好坏对整个车身的质量起着决定性的作用。

左、右侧围外板不仅焊接工作量大，而且对外观要求极高，焊接表面质量要求更高。

车门的数量较大，焊接质量不仅影响汽车的外观，还与汽车的密封性能、防雨水性能、防灰尘性能等有着重要关系，因此，车门的生产工艺、采用的技术水平、机械化程度、自动化程度在汽车生产中倍受重视。目前，车门等车身结构件的生产正朝着高端化、智能化、绿色化发展。

（3）汽车车身材料　汽车车身各部分所使用的材料如图1-2所示。

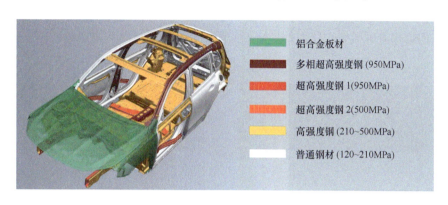

图 1-2　汽车车身各部分所使用的材料

2. 焊接的基本概念

车身焊装工艺是一个广义的概念，是指将冲压成形的车身各组件组装成一个完整白车身的全部工艺过程，其内容主要有焊接、滚/折边、涂胶、合装、返修等。由于工艺中焊接的比重超过90%，因此将其统称为焊装。

就车身焊装而言，因外部形状是由型面或型线组成，其零部件几乎都是薄板冲压件，且尺寸较大、刚度小，使焊装过程的难度加大。使用高精度的焊装胎（夹）具，选用先进的焊接方法与焊接设备以及自动化、电子化程度高的焊装生产线，才能适应当代汽车生产的要求。

（1）焊接　焊接是将两种或两种以上（同种或异种）材料，通过加热或加压或二者并用，用或不用填充材料，使同质或异质材料达到原子间结合而形成永久性连接的工艺过程。焊接与其他连接方式不同，不仅在宏观上形成了永久性的接头，而且在微观上建立了组织上的内在联系。焊接属于不可拆连接。

（2）焊接热过程

1）焊接热过程的特点。

① 焊接热量集中作用在焊件连接部位，而不是均匀加热整个焊件。

② 热作用的瞬时性：焊接时，热源以一定速度移动，焊件上任一点受热的作用都具有瞬时性，即热作用随时间变化而变化。

2）焊接热过程对焊接质量的影响。

① 焊接热过程决定了焊接熔池的温度和存在时间。

② 在焊接热过程中，由于热传导的作用，近焊缝区可能产生淬硬、脆化或软化现象。

③ 焊接是不均匀加热和冷却的过程。

④ 焊接热过程对焊接生产率有影响。

3. 焊接方法

（1）基本焊接方法　根据焊接过程的本质不同，基本焊接方法可分为熔焊、压焊和钎焊三类。

1）熔焊。焊接过程中，将焊件接头加热至熔化状态，不加压力完成焊接的方法，称为熔焊。常见的熔焊有电弧焊、气焊等。熔焊如图 1-3 所示。

图 1-3　熔焊

2）压焊。焊接过程中，必须对焊件施加压力（加热或不加热）以完成焊接的方法，称为压焊。常见的压焊有电阻焊、摩擦焊等。压焊如图 1-4 所示。

图 1-4　压焊

3）钎焊。采用比母材熔点低的金属材料作为钎料，将焊件和钎料加热到高于钎料熔点，同时低于母材熔点的温度，利用液态钎料润湿母材，填充接头间隙并与母材相互扩散实现连接焊件的方法，称为钎焊。钎焊如图 1-5 所示。

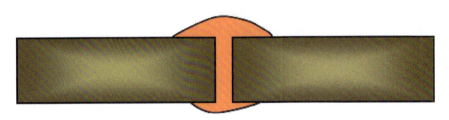

图 1-5　钎焊

焊接方法的种类如图 1-6 所示。

图1-6 焊接方法的种类

✏️ **小课堂：名词解释**

➤ 电弧焊：利用电弧热为热源的熔焊方法。

➤ 熔化极：焊丝或焊条既是电极又是填充金属。

➤ 非熔化极：电极（钨极）不熔化。

➤ MIG焊：即熔化极惰性气体保护焊，是使用熔化电极，以外加惰性气体作为电弧介质保护金属熔滴、焊接熔池和焊接区高温金属的电弧焊方法。

➤ 钨极氩弧（TIG焊）焊：即钨极（非熔化极）惰性气体保护焊，是用钨作为电极，以惰性气体氩气作为保护气体的焊接方法。

➤ MAG焊：即金属极（熔化极）活性气体保护焊，是采用活性混合气体作为保护气体的焊接方法。

搜一搜：我国载人航天、大飞机制造等战略性新兴产业中都应用了哪些焊接技术？

（2）汽车制造常用焊接方法　汽车制造中常用的焊接方法及设备见表1-1。

表 1-1 汽车制造中常用的焊接方法及设备

焊接方法及设备			典型应用
电阻焊	单点焊	悬点焊机+手工焊钳/一体式焊钳	白车身及各大总成、分总成
		点焊机器人	
		固定点焊机、凸焊机	螺钉、螺母、小件
	多点焊	龙门式多点焊机	白车身、地板总成等
		C形（鳄鱼式）多点焊机	地板、侧围、车门、发动机舱盖、行李舱盖总成等
		组合式多点焊机	
	缝焊	悬挂缝焊机	白车身顶盖流水槽等
		固定缝焊机	燃油箱等
熔焊	气体保护焊	自动/半自动二氧化碳气体保护焊机	白车身总成
		自动/半自动混合气体保护焊机（MAG焊机）	车门铰链、消声器等
	氩弧焊（MIG焊）		车身顶盖后部两侧接缝等
	焊条电弧焊		厚料零部件
	螺柱焊		各种焊接螺柱
	气焊		白车身总成补焊
钎焊	锡钎焊		散热器等
特种焊	等离子弧焊		白车身顶盖后角板
	电子束焊		齿轮
	激光焊		车身地板、顶盖总成等
	激光复合焊		车身地板、顶盖、侧围、前骨架、后骨架等总成
	摩擦焊		后桥壳管和法兰转向杆

　　汽车焊装车间常用点焊、二氧化碳气体保护焊、黄铜钎焊、凸焊、螺柱焊、激光焊，其中应用最多的焊接工艺是点焊。一部轿车上有 3000～6000 个焊点。一般来说，增加点焊数量、减少弧焊长度是提高车身制造质量的基本方法之一。

　　汽车焊装车间工艺流程如图 1-7 所示。

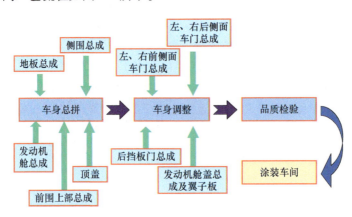

图 1-7 汽车焊装车间工艺流程

✏️ **小课堂：汽车焊接的发展历史**

1）小批量生产。

20世纪50年代，车架的中厚板用焊条电弧焊，车身薄板以氧乙炔焊（气焊的一种，使用的可燃气体为乙炔）和焊条电弧点焊为主。此阶段焊接质量低，焊接变形大，焊渣难以清除，体力劳动繁重，生产环境恶劣。

2）第一次变革：大批量生产、高质量的要求。

CO_2气体保护焊、电阻点焊被广泛运用，提高了机械化程度，如采用反作用焊枪步进式仿形焊钳、气动夹具、自动输送生产线和多点焊机等。

但此阶段的问题是：仅为工艺方法上的变革，仍然存在投资大、生产周期长、劳动强度大的缺点。

3）第二次变革：更大规模生产的要求、更高质量的要求（如焊件的表面平整光洁，焊接质量和焊接规范的恒定）、更快速度适应多品种上场的要求、更文明生产的要求、改善工作条件（摆脱高强度作业和有害气体环境）的要求。

此阶段的特点是：

① 焊接机器人被广泛应用，焊接制造技术快速发展，自动化程度大幅提高。

② 要求产品设计不断改进，零件形状要尽量简单，便于装配定位和夹紧，零件不能分得太碎、太小，尽量采用整体冲压件，以简化焊装工序，提高装配质量，如依维柯汽车的门框采用了整体冲压件，给驾驶室的装配定位带来了很大方便。

③ 在焊接方面，在满足结构形状刚性和强度的前提下要使焊接量降到最少（并非焊点越多越好），以减少焊接变形和简化焊接设备，同时要使接头设计能适应机器人点焊。

④ 生产制造简化。

⑤ 缩短车身总焊线的长度，减少总焊线的工作量，改进车身制造程序。

⑥ 使生产线具有柔性，能实现多种变型车的生产。

想一想：通过学习汽车焊接的发展历史，你认为高质量发展的意义是什么？

二、焊接安全

1. 焊装车间危险源及可能造成的伤害事故

焊装车间是汽车制造四大工艺车间之一，主要进行整车焊接和装配，产品为白车身。整个焊装车间有车身线、底板线、装配调整线、门盖线、侧围线、前纵梁线、前底板线、后底板线等，另外还有空中输送线。焊装车间主要特点是工艺先进、单体设备多、生产线自动化程度高、安全生产环境复杂，因此劳动者和管理者均应树立"安全第一、预防为主"的理念。

焊装车间危险源及可能造成的伤害事故见表1-2。

表 1-2　焊装车间危险源及可能造成的伤害事故

| 焊接方法 | 序号 | 工作内容 | 危险源 | | | 可能造成的事故/伤害 |
			分类	危险和有害因素	危险源描述	
气体保护焊	1	焊接加工	人的因素	其他行为性危险和有害因素	被飞溅的火花烫伤	灼烫
	2	焊接加工	人的因素	操作错误-误操作	被零件棱角快口割伤	其他伤害
	3	焊接加工	人的因素	噪声-机械性噪声	未戴耳塞进行操作，导致听力损伤	噪声致聋
	4	焊接加工	人的因素	操作错误-误操作	操作不注意，在车内进行焊接时碰伤	其他伤害
	5	焊接加工	人的因素	操作错误-违章作业	生产现场易燃物管理不当，飞溅的火花点燃易燃物	火灾
	6	气瓶运输	人的因素	操作错误-违章作业	气瓶搬运时受到撞击导致气瓶爆炸	容器爆炸
	7	气瓶运输	人的因素	操作错误-违章作业	气瓶搬运时受到撞击使气瓶阀门损坏，导致高压气体迅速溢出使气瓶横冲直撞	物体打击
	8	焊接加工	人的因素	粉尘与气溶胶	焊接时未戴防尘口罩，产生的焊接烟尘被吸入体内	电焊工尘肺
	9	焊接加工	人的因素	非电离辐射-紫外辐射	焊接时未戴焊接面罩，焊接弧光刺激眼睛造成眼睛损伤	其他伤害
	10	焊接加工	物的因素	运动物体伤害-飞溅物	被飞溅的火花烫伤	灼烫
	11	焊接加工	物的因素	设备、设施、工具、附件其他缺陷	操作时被零件棱角快口、毛刺割伤	其他伤害
	12	焊接加工	物的因素	室内作业场所狭窄	在白车身上攀爬，导致脚扭伤	其他伤害
	13	焊接加工	物的因素	明火	飞溅的火花引燃可燃物	火灾
	14	焊接加工	物的因素	电伤害-漏电	电缆磨损导致触电	触电
	15	焊接加工	物的因素	电伤害-漏电	机体外壳漏电、绝缘体损坏导致触电	触电
	16	气瓶运输	物的因素	设备、设施、工具、附件缺陷-密封不良	气瓶密封有缺陷，导致高压气体迅速溢出使气瓶横冲直撞	物体打击

（续）

焊接方法	序号	工作内容	危险源			可能造成的事故/伤害
			分类	危险和有害因素	危险源描述	
气体保护焊	17	气瓶运输	物的因素	防护缺陷-防护装置、设施缺陷	气瓶瓶体有缺陷，导致气瓶爆炸	容器爆炸
	18	焊接加工	环境因素	作业场地不平	作业场地有绊脚物未及时清理，使操作人员绊倒造成脚扭伤	其他伤害
	19	焊接加工	环境因素	作业场所空气不良	焊接时未戴防尘口罩，产生的焊接烟尘被吸入体内	电焊工尘肺
	20	焊接加工	环境因素	室内温度、湿度、气压不合适	作业场地潮湿，导致电气漏电	触电
点焊	1	焊接加工	人的因素	操作错误-违章作业	在焊枪两电极之间进行操作夹伤手	机械伤害
	2	焊接加工	人的因素	其他行为性危险和有害因素	操作移动平台时，注意力不集中夹伤其他操作人员	机械伤害
	3	焊接加工	环境因素	作业场地不平	作业场地有绊脚物，使操作人员绊倒造成脚扭伤	其他伤害
	4	焊接加工	物的因素	设备、设施、工具、附件缺陷-外露运动件	在焊枪两电极之间进行操作夹伤手	机械伤害
	5	焊接加工	物的因素	运动物体伤害-飞溅物	操作时未戴防护眼镜，飞溅的火花灼伤眼睛、皮肤	灼烫
	6	焊接加工	物的因素	电伤害-漏电	电缆磨损，漏电伤人	触电
	7	焊接加工	物的因素	设备、设施、工具、附件其他缺陷	压缩空气管未紧固，气管脱落甩动伤人	物体打击
	8	换电极帽	物的因素	设备、设施、工具、附件其他缺陷	更换特殊电极帽时无专用工具，伤到手	机械伤害
	9	高空坠物	物的因素	设备、设施、工具、附件缺陷-强度不够	钢丝断裂导致焊枪坠落伤人	物体打击
	10	高空坠物	物的因素	防护缺陷-防护装置、设施缺陷	平衡器连接件断裂导致坠落伤人	物体打击
	11	焊接加工	环境因素	作业场所空气不良	焊接时吸入烟尘	电焊工尘肺

（续）

焊接方法	序号	工作内容	危险源			可能造成的事故/伤害
			分类	危险和有害因素	危险源描述	
螺柱焊	1	焊接加工	物的因素	运动物体伤害-飞溅物	操作时未戴防护眼镜，飞溅的火花灼伤眼睛、皮肤	灼烫
	2	焊接加工	物的因素	电伤害-漏电	电缆磨损，漏电伤人	触电
	3	高空坠物	物的因素	设备、设施、工具、附件缺陷-强度不够	钢丝断裂导致焊枪坠落伤人	物体打击
	4	高空坠物	物的因素	防护缺陷-防护装置、设施缺陷	平衡器连接件断裂导致坠落伤人	物体打击
	5	焊接加工	环境因素	作业场所空气不良	焊接时未戴防尘口罩，产生的焊接烟尘被吸入体内	电焊工尘肺

2. 焊装车间容易受到的伤害类型及预防措施

（1）被工件割伤 预防被工件割伤措施：拿取工件时采取正确方法并穿戴劳动防护用品（以下简称劳保用品），如防割手套等。

（2）车辆伤害（牵引车、叉车等） 预防车辆伤害措施：

1）遵守各项交通规则。

2）驾驶厂内机动车辆（牵引车、叉车等）等的特种作业人员，应经职业培训，持特种作业操作证上岗操作。

3）行人应走指定通道，过交叉路口时确认安全后才可前行或转弯，注意通道警示标志。

（3）飞溅灼伤 预防飞溅灼伤措施：

1）采取正确的操作方法。

2）穿戴个人劳保用品，如长袖工作服、手套等。

（4）弧光灼伤 预防弧光灼伤措施：

1）使用专门防护面具及防护眼镜。

2）穿戴个人劳保用品，如长袖工作服、手套等。

（5）设备（夹具、焊机）夹伤 预防设备（夹具、焊机）夹伤措施：

1）确认安全装置的有效性或合理增加安全装置。

2）按作业要领进行作业。

（6）生产性毒物 预防生产性毒物措施：操作人员必须遵守工作守则，正确佩戴防毒口罩、手套、护目镜等，清洗手时应尽可能使用消毒液，以免过量有毒物质侵入人体，引发急性或慢性中毒。

（7）粉尘 预防粉尘措施：遵守工作守则，正确佩戴防护口罩、护目镜等。

（8）高温作业 预防高温作业中暑措施：

1）加强通风换气，加速空气对流，降低环境温度，以利于机械设备热量的散发。

2）加强个人保健，供给足够的含盐清凉饮料。

（9）噪声 降低噪声措施：

1）加强个人听力防护，如佩戴耳塞、耳罩等。

2）噪声源控制及整改。

3. 焊装车间安全生产要求与规定

（1）"三不伤害"原则

1）不伤害自己。

2）不伤害别人。

3）不被别人伤害。

（2）"三不违章"原则

1）不违章操作。

2）不违章指挥。

3）不违反劳动纪律。

（3）安全事故"四不放过"原则

1）事故原因分析不清不放过。

2）没有防范措施不放过。

3）事故责任者和员工没有受到教育不放过。

4）事故责任人没有受到处理不放过。

（4）工程项目"三同时"原则 进行新建、改建、扩建、技术改造和引进的工程项目，其劳动安全卫生设施必须与主体工程同时设计、同时施工、同时验收后投产使用。

（5）安全工作"五同时"原则 公司领导或管理者在计划、布置、检查、总结、评比生产的同时，要计划、布置、检查、总结、评比安全。

（6）焊装安全生产要求

1）员工进入现场，必须按规定穿戴好劳保用品（工作服、防护绝缘鞋、安全帽、护目镜等）。

2）车间内禁止穿露趾鞋、拖鞋和高跟鞋，禁止在车间内追逐、喧哗、打闹或做与本人工作无关的事情。

3）行人应走指定通道，过交叉路口时确认安全后才可前行或转弯，注意通道警示标志，严禁跨越危险区，严禁攀登吊运中的物件以及在吊物、吊臂下通过和停留，严禁在行驶中的机动车辆上爬上跳下、抛卸物品。

4）搞好现场 5S，保证生产作业环境区、车间、库房安全通道畅通。

现场物料堆放整齐、稳妥、不超高，及时清除工作场地散落的尘土、废料和工业垃圾。

5）对易燃易爆、有毒有害和腐蚀性等物品，必须分类妥善存放并设专人管理；易燃易爆等危险场所，严禁烟火和明火作业。

6）严禁在没有许可证的情况下操作机器人、驾驶车辆等。

7）严格执行交接班制度，重大隐患必须记入值班记录，下班前必须断开电源、气源，熄灭火种，检查并清理场地。

8）发生工伤事故或设备事故时，应及时采取措施防止事故扩大并进行抢救或抢修，同时立即报告领导和安全部门

9）在非常规作业、示教作业时，必须有监视人员，严禁单人作业。

10）焊枪的电极修磨和更换作业，严禁在控制电源未关闭的情况下进行，进行电极对合的加压确认时，不得将手伸入动作部位。

11）高空作业情况下（≥2m），必须确保有安全带，使用稳固、防滑的阶梯。

12）严禁在设备自动或调试运转中将手伸入设备的运动范围，设备由于过载而发生故障时，严禁人员在设备运动方向的前、后站立。

4. 焊装车间劳保用品

（1）使用劳保用品的目的和选用原则　生产过程中存在的各种危险和有害因素会伤害劳动者的身体，损害健康，甚至危及生命。劳保用品是在劳动过程中为防御物理、化学、生物等有害因素伤害人体而穿戴和配备的各种物品的总称。

1）使用劳保用品的目的：保护作业者的身体健康与安全。

2）选用原则：根据作业的危险性、有害性和作业场所的防护要求，正确选择使用性能符合要求的防护用品，切忌凭个人主观意识不戴或错戴劳保用品。

（2）焊装劳保用品种类

1）头部防护——安全帽。

2）呼吸防护——防尘（毒）口罩。

3）眼睛防护——护目镜（防飞溅）。

4）手的防护——防护手套（棉制+防割）。

5）脚的防护——防护绝缘鞋。

6）防护服装——长袖工作服（棉制）。

7）防坠落护具——安全带。

8）听力保护——耳塞、耳罩。

注意：①凡运转的机械设备，不准跨越及触及运转部位。

②严禁在没有挂安全锁的情况下进入机器人的作业范围，当设备异常时，按照停止、呼叫、等待的步骤行动。

（3）劳保用品穿戴　为了保护职工的人身安全，落实《中华人民共和国安全生产法》，坚持安全第一，预防为主的方针，加强安全生产监督管理，防止和减少生产安全事故发生，保障员工生产和财产安全，必须正确使用劳保用品，防止在生产过程中发生意外伤害。

1）进入生产作业区域，任何人都必须佩戴安全帽和护目镜，防止焊渣飞溅烫伤眼睛。

2）进入焊装车间的所有员工必须佩戴安全帽。

3）焊装车间生产员工在生产过程中必须穿防护绝缘鞋；岗位要求佩戴围裙、套袖的，应按规定执行。

4）劳保用品本身存在质量问题时，应及时上报主管部门。员工努力做到不伤害自己，也不伤害别人。劳保用品穿戴示意如图1-8所示。

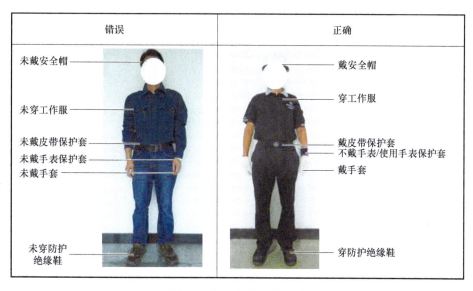

图1-8 劳保用品穿戴示意

5. 安全标志

安全标志由安全色、几何图形和符号构成，是用以表达特定的安全信息的标志。部分安全标志如图1-9所示。禁止入内和必须加锁标识如图1-10所示。安全警戒线如图1-11所示。

图1-9 部分安全标志

图1-10 禁止入内和必须加锁标识

6. 5S 管理

5S 是指"整理、整顿、清扫、清洁、素养"。5S 可在生产现场中对人员、机器、材料、方法等生产要素进行有效的管理。

整理：要与不要，一留一弃。

整顿：科学布局，取用快捷。

清扫：清除垃圾，美化环境。

清洁：清洁环境，贯彻到底。

素养：形成制度，养成习惯。

图 1-11　安全警戒线

 **任务实施**

工作任务 1　汽车结构及焊接分类认知

◎ 【任务目标】

根据所学内容，辨别车身总成的构成以及各部分的名称，进行焊接分类，绘制汽车焊装车间工艺流程图。

【工作准备】

1）汽车车身图片（图 1-12）。

2）汽车车身一台。

3）场地设备室：实训室。

图 1-12　汽车车身

【实施步骤】

1）填写图 1-13 中车身总成各部件的名称。

图 1-13　车身总成各部件

2）进入实训室，教师对照车身实物介绍车身总成的构成以及各部件的名称，学生逐一找到车身图中对应的实物部件，并说出每个部件的名称。

3）根据所学知识，补充完整图 1-14 中的焊接分类。

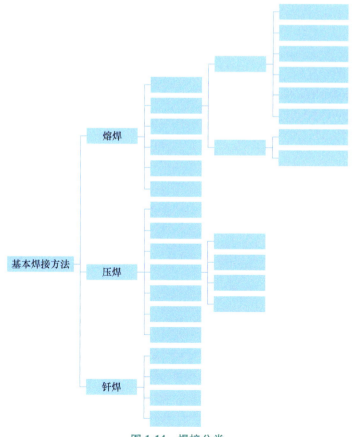

图 1-14　焊接分类

4）根据所学知识，在下方空白处绘制汽车焊装车间工艺流程图。

5）请通过上网搜集信息，列举出至少 3 种先进焊接技术，说出它们的优点，并思考这些新技术能够助力我国未来哪些新的增长引擎？

【任务评价】

汽车结构及焊接分类认知考核评价表

姓名：　　　　　　学号：　　　　　　　　　　　　　　　　　　　日期：　　年　月　日

项目	评价标准		分值	得分
车身总成构件辨识	根据车身图片正确写出各部件名称；根据实训室实车，正确找到实物部件图片写错 1 处扣 1 分，实物找错 1 处扣 2 分	侧围外板加强板总成	50	
		后轮罩内板总成		
		后背门总成		
		后围板总成		
		搁物板		
		后轮罩总成		
		后地板总成		
		后门外板		
		前门外板		
		侧围外板		
		翼子板		
		左、右下摆臂		
		发动机舱盖总成		
		前横梁下板		
		前横梁上板		
		顶盖总成		
焊接分类	能够正确填写焊接分类，写错 1 处扣 1 分		30	
汽车焊装车间工艺流程	能够正确绘制汽车焊装车间工艺流程图		10	
搜集信息	能够列举出至少 3 种先进焊接技术，并能思考这些新技术能够助力我国未来哪些新的增长引擎		10	
5S	现场执行 5S（整理、整顿、清扫、清洁、素养）		10	
教师签字		实操总成绩（总分 100 分）		

工作任务 2　焊接安全认知

【任务目标】

根据所学内容，完成焊接安全认知相关练习。

【工作准备】

1）安全标识等资料。
2）劳保用品若干。
3）场地设备室：实训室。

【实施步骤】

1）试列举 10 种焊装车间危险源及可能造成的伤害事故类型。

2）试列举 5 种焊装车间容易受到的伤害类型，给出相应预防措施，减少安全生产风险。

3）请根据所学内容，补充焊装劳保用品种类。

头部防护——　　　　　　　　　脚的防护——
呼吸防护——　　　　　　　　　防护服装——
眼睛防护——　　　　　　　　　防坠落护具——
手的防护——　　　　　　　　　听力保护——

4）请写出焊装车间安全生产要求与规定中的"三不伤害"原则和"三不违章"原则。

5）试写出图 1-15 中违反了哪些劳保用品穿戴规范，并在教师指导下正确穿戴劳保用品。

6）请说出图 1-16 中的标志分别属于什么类型的安全标志？

图 1-15　未规范穿戴劳保用品

图 1-16　安全标志类型

【任务评价】

焊接安全认知考核评价表

姓名：　　　　　　学号：　　　　　　　　　　　　　　　　　日期：　　年　月　日

项目	评价标准	分值	得分
焊装车间危险源及可能造成的伤害事故类型认知	能够掌握焊装车间危险源及可能造成的伤害事故类型	20	
焊装车间容易受到的伤害类型及预防措施认知	能够掌握焊装车间容易受到的伤害类型，并给出相应预防措施，有效降低安全生产风险	20	
焊装车间安全生产要求与规定认知	能够掌握焊装车间安全生产要求与规定	20	
焊装车间劳保用品认知	能够正确穿戴焊装车间劳保用品	20	
安全标志认知	能够正确识别安全标志	10	
5S	现场执行 5S（整理、整顿、清扫、清洁、素养）	10	
教师签字		实操总成绩（总分 100 分）	

项目 2

CO_2 气体保护焊焊接操作

 【知识目标】

1. 掌握 CO_2 气体保护焊的工作原理、特点和应用，以及焊接工艺参数的选择。

2. 熟悉 CO_2 气体保护焊设备的组成、使用方法。

3. 掌握 CO_2 气体保护焊的操作要点。

【能力目标】

1. 能根据 CO_2 气体保护焊的使用要求，合理选择 CO_2 气体保护焊设备。

2. 能够正确安装、调试、使用 CO_2 气体保护焊设备。

3. 能够根据实际生产条件和具体的焊接结构及技术要求，正确选择 CO_2 气体保护焊工艺参数、工艺措施。

4. 掌握 CO_2 气体保护焊的实际操作技能。

【素养目标】

树立"安全第一、预防为主"的安全生产理念。

 知识准备

一、CO_2 气体保护焊的定义、工作原理、工艺特点

1. CO_2 气体保护焊的定义

CO_2 气体保护焊是采用 CO_2 气体作为保护气体隔绝空气、保护熔池的一种熔化极、气体保护的电弧焊方法，简称为 CO_2 焊（图 2-1）。

2. CO_2 气体保护焊的工作原理

焊接电源的两输出端分别接在焊枪和工件上。焊丝盘由送丝机带动，盘状焊丝经送丝软管与导电嘴不断向电弧区域送给焊丝。同时，CO_2 气体以一定压力和流量送入焊枪，通过喷

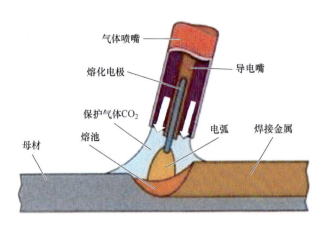

图 2-1　CO₂ 气体保护焊

嘴后，形成一股保护气流，使熔池和电弧与空气隔绝，从而保证焊接过程稳定、持续地进行并获得优质的焊缝。CO₂ 气体保护焊工作原理如图 2-2 所示。

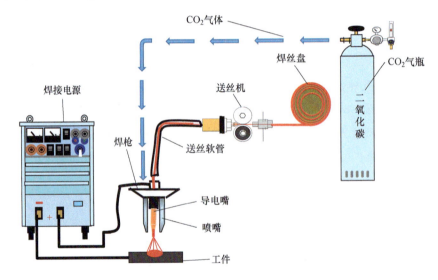

图 2-2　CO₂ 气体保护焊工作原理

3. CO₂ 气体保护焊的工艺特点

1）采用盘状焊丝，生成效率高。

2）焊渣极少，多层多道焊时，层间可不必清渣。

3）对油污不敏感。CO₂ 高温分解，氧化性强，对油、锈和其他脏物敏感性小，焊前清理要求不高，若无明显黄锈，一般不必清除。

4）明弧操作，容易观察焊接过程。

5）适用于薄板焊接，一般对厚度大于 30mm 的厚件不能焊。

6）操作简单。

7）成本低。

二、CO_2 气体保护焊过程中的熔滴过渡

电弧焊时，在焊条/焊丝端部形成的熔滴通过电弧空间向熔池转移的过程，称为熔滴过渡。对于 CO_2 气体保护焊而言，主要存在 3 种熔滴过渡形式，即短路过渡、射滴过渡和射流过渡。

1. 短路过渡

采用较小电流和低电压焊接时，熔滴在未脱离焊丝端头前就会与熔池直接接触，电弧瞬时熄灭短路，熔滴在短路电流产生的电磁收缩力及液体金属的表面张力作用下过渡到熔池中。此时电弧稳定，飞溅小，焊缝成形好，可用于薄板和空间位置的焊接。短路过渡如图 2-3 所示。

2. 射滴（颗粒）过渡

（1）大颗粒过渡　焊接电流较小时，焊丝端部形成的熔滴不仅左右摆动，而且上下跳动，最后落入到熔池中，这种过渡形式称为大颗粒过渡。

（2）小颗粒过渡　对于直径为 1.6mm 的焊丝，当焊接电流超过 400A 时，熔滴较小，过渡频率较高，称为小颗粒过渡。

射滴（颗粒）过渡如图 2-4 所示。

图 2-3　短路过渡

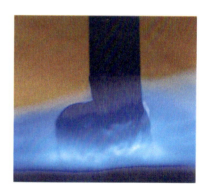

图 2-4　射滴（颗粒）过渡

3. 射流（喷射）过渡

熔滴呈细小颗粒，沿焊丝的端头以喷射状态快速通过电弧空间向熔池过渡的形式，称为射流过渡。

对于直径为 1.6mm 的焊丝，当焊接电流大于 700A 时，发生射流过渡。射流（喷射）过渡如图 2-5 所示。

图 2-5　射流（喷射）过渡

三、CO_2 保护气的特点

1）作用：隔离空气并作为电弧的介质。

2）纯度：纯度要求大于 99.5%，含水量小于 0.05%。

3）水分含量：CO_2 气体中水分的含量与气压有关，气体压力越小，气体中水分的含量越高，溶于液态 CO_2 中的水分汽化量随之增大，从而混入 CO_2 气体中的水蒸气越多。

4）气体流量太大或太小时，都会造成成形差、飞溅大、产生气孔。

5）CO_2 气瓶表面涂银白色并写有黑色"二氧化碳"字样。

6）瓶中下部为液态 CO_2，上部为 CO_2 饱和气体，CO_2 饱和气体的压力随环境温度不同而发生变化，一般为 5~7MPa，应避免阳光的强烈照射，避免放置在热源旁边。

7）气瓶内压力小于 1MPa 时应停止使用，此时瓶中已无液态 CO_2，如果继续使用，气体中的水分含量会增加 3 倍，将会增加焊缝中的气孔数量。CO_2 气瓶如图 2-6 所示。

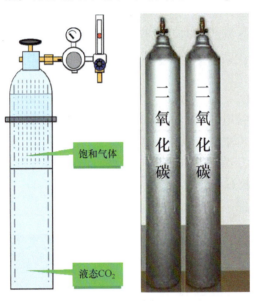

图 2-6　CO_2 气瓶

四、焊丝

CO_2 气体保护焊使用的焊丝既是填充金属又是电极，所以焊丝既要保证一定的化学性能和力学性能，又要保证具有良好的导电性能和工艺性能。

1）焊丝直径与焊接电流要求：焊丝细、电流密度大，才能保证电弧燃烧的稳定性相应增高，熔深加大，焊丝熔化速度加快。

2）CO_2 气体保护焊的焊丝分为实芯焊丝和药芯焊丝两种。

CO_2 气体保护焊的实芯焊丝成分中有足够数量的脱氧剂，如 Si、Mn、Ti 等。如果合金含量不足，脱氧不充分，将导致焊缝中产生气孔，焊缝力学性能将明显下降。药芯焊丝的应用比实芯焊丝晚，但由于其具有一系列优点，在生产中应用得越来越多。

药芯焊丝的优点：

①采用气渣联合保护，焊缝成形美观，电弧稳定性好，飞溅少且颗粒细小。

②焊丝熔敷速度快，熔敷效率（85%~90%）和生产率都较高。

③焊接各种钢材的适应性强，通过调整焊剂的成分与比例可提供所要求的焊缝金属化学成分。

④能耗低、综合成本低。

CO_2 气体保护焊的焊丝如图 2-7 所示。

药芯焊丝

实芯焊丝

图 2-7　CO_2 气体保护焊的焊丝

五、CO_2 气体保护焊主要参数

1. 焊接电流、焊接电压

CO_2 气体保护焊焊机调整焊接电流实际上是在调整送丝速度。焊接电压即电弧电压，提供焊丝熔化能量。焊接效果实际上是调整送丝速度与熔化速度的平衡结果。因此 CO_2 气体保护焊焊机的焊接电流必须与焊接电压相匹配，即一定要保证送丝速度与焊接电压对焊丝的熔化能力一致，以保证电弧长度的稳定。

焊接电流、焊接电压调整影响见表 2-1。

表 2-1　焊接电流、焊接电压调整影响

参数	调整影响	影响结果
焊接电流	送丝速度	电流大，送丝速度快
		电流小，送丝速度慢
焊接电压	焊接能量	电压大，焊丝熔化快
		电压低，焊丝熔化慢

焊接电流、焊接电压匹配对焊接效果的影响见表 2-2。

表 2-2　焊接电流、焊接电压匹配对焊接效果的影响

焊接电流、焊接电压匹配情况	声音	状态	飞溅量	图示
正常匹配	声音柔和，发出持续、平缓的"滋滋"的声响	焊丝出丝平稳，熔化及时，焊缝质量好	小	

（续）

焊接电流、焊接电压匹配情况	声音	状态	飞溅量	图示
焊接电流过大、焊接电压小	发出"啪啪"的声响	焊丝熔化不好，焊丝会顶在焊件表面，或发生反弹	大	
焊接电流过小	无	焊丝头部结球	小	
焊接电流小、焊接电压过大	发出"啪嗒啪嗒"的声响	焊丝熔化快，顶端结球，电弧软，没有挺度。焊缝成形似稀泥，质量差	大	
焊接电压过低	发出"噼噼啪啪"的声响	引弧困难		

焊接电流、焊接电压对熔池的影响如下：

1）电流越大，熔深 h 越深，余高 e 越高。

2）电压越小，熔深 h 越浅，熔宽 B 越窄，余高 e 越高，如图2-8所示。

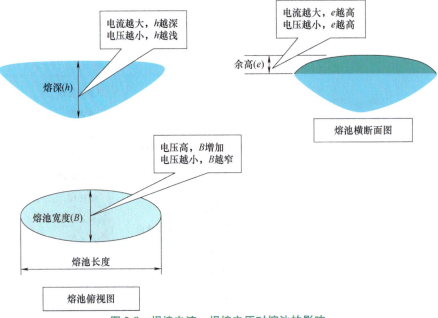

图2-8　焊接电流、焊接电压对熔池的影响

无缺陷的 CO_2 气体保护焊焊缝如图 2-9 所示。焊接电压过大时的焊缝如图 2-10 所示。焊接电流参数调整表见表 2-3。

图 2-9　无缺陷的 CO_2 气体保护焊焊缝

图 2-10　焊接电压过大时的焊缝

表 2-3　焊接电流参数调整表

板厚/mm	焊丝直径/mm						
	0.6	0.8	1.0	1.2	1.4	1.6	1.8
0.6	20~30A	30~40A	40~50A	50~60A			
0.8			40~50A	50~60A	60~90A		
1.0					60~90A	100~120A	120~150A

2. CO₂ 气体流量

1）焊接电流小于 350A 的焊机：气体流量为 15~20L/min。

2）焊接电流大于 350A 的焊机：气体流量为 20~25L/min。

气体流量也可参照表 2-4 选择。

表 2-4　气体流量

焊丝直径/mm	0.6	1	1.2	1.6
气体流量/（L/min）	6~10	10~15	12~16	15~18

3. 焊接速度

在焊接电压和焊接电流一定的情况下，焊接速度的选择应保证单位时间内给焊缝足够的热量。

焊接速度过快时：焊道变窄，熔深和余高变小，焊缝两侧边缘处咬边。

焊接速度过慢时，表面堆高严重。

合适的焊接速度需与焊丝直径、电流、电压等参数配合。I 型焊缝参数选择见表 2-5。

表 2-5 I 型焊缝参数选择

母材厚度/mm	焊丝直径/mm	焊接电流/A	电弧电压/V	焊接速度/(cm/min)	气体流量/(L/min)
0.8	0.8、0.9	60~70	16~16.5	50~60	10
1.0	0.8、0.9	75~80	17~17.5	50~60	10~15
1.2	0.8、0.9	80~90	17~18	50~60	10~15
1.6	0.8、0.9	95~105	18~19	45~50	10~15
2.0	1.0、1.2	110~120	19~19.5	45~50	10~15
2.5	1.0、1.2	120~130	19~20	45~50	10~15
3.0	1.0、1.2	140~150	20~21	45~50	10~15

4. 干伸长度

定义：焊丝从导电嘴到工件的距离。实际中用喷嘴到工件的距离代替干伸长度。

干伸长度过长时，气体保护效果不好，易产生气孔，引弧性能差，电弧不稳，飞溅量加大，熔深变浅，成形变坏。

干伸长度过短时，看不清电弧，喷嘴易被飞溅物堵塞，飞溅量大，熔深变深，焊丝易与导电嘴粘连。

一般焊接电流小于 300A 时，干伸长度为 10~15 倍焊丝直径；焊接电流大于 300A 时，干伸长度为 10~15 倍焊丝直径+5mm。

举例：直径为 1mm 的焊丝，焊接电流为 90A，可选用的干伸长度为 10mm。

焊接过程中，干伸长度是保证焊接过程稳定性的重要因素之一，应保持焊丝干伸长度稳定不变。干伸长度如图 2-11 所示。

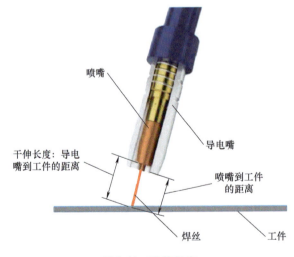

图 2-11 干伸长度

5. 极性

反极性即工件接负极，特点是电弧稳定，焊接过程平稳，飞溅量小。

正极性即工件接正极，特点是熔深较浅，余高较大，飞溅量很大，成形不好，焊丝熔化速度快（约为反极性的 1.6 倍），只在堆焊时才采用。

　　CO_2 气体保护焊一般都采用直流反极性接法，其电弧稳定，焊丝熔化速度快，有阴极破碎作用，能清理污染物。直流反极性接法如图 2-12 所示。

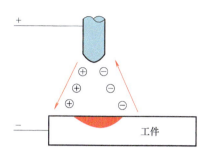

图 2-12　直流反极性接法

六、设备

CO_2 气体保护焊焊接操作过程中的外部接线如图 2-13 所示。

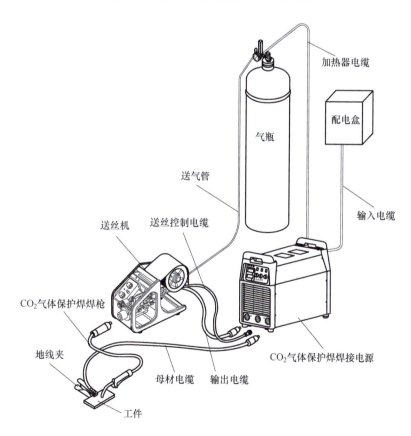

图 2-13　CO_2 气体保护焊外部接线图

下面主要介绍 CO_2 气体保护焊焊接电源、送丝机、焊枪。

1. CO_2 气体保护焊焊接电源

焊接电源（逆变焊机 NB-350）结构如图 2-14 所示。

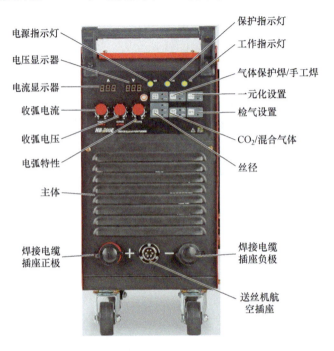

图 2-14　焊接电源（逆变焊机 NB-350）结构

（1）焊接电压

1）焊接电压预设。CO_2 气体保护焊焊接电源具有焊接电压预设功能。分体式的 CO_2 气体保护焊焊接电源通过调节送丝机上的焊接电压旋钮预设焊接电压。

2）显示。电源前面板有电压数显表，未焊接时显示焊接电压预设值，焊接时显示焊接电源两输出端的实际电压值。

（2）焊接电流（送丝速度）

1）焊接电流（送丝速度）预设。CO_2 气体保护焊焊接电源具有焊接电流（送丝速度）预设功能，通过调节送丝机上的焊接电流（送丝速度）旋钮预设焊接电流。电源前面板电流表头显示送丝速度预设值。

2）显示。电源前面板有电流数显表，在未焊接时，显示送丝速度的预设置，单位为 dm/min；在焊接时，显示焊接电流的实际值，单位为 A。

（3）焊丝直径选择　通过焊丝直径选择，可改变最大送丝速度。所有直径焊丝的速度都可进行满量程设置。

（4）检气　切换至检气状态时，气路电磁阀接通，焊接状态输出被禁止。切换至焊接状态时，气路电磁阀受焊枪控制，焊接电源输出受焊枪控制。

（5）点动　点动功能可实现快速送丝，点动送丝速度可以通过送丝机面板上的焊接电流旋钮调节。

（6）电源指示   前面板上的电源指示灯亮，表示控制电路、主电路接通电源。主电路的各功率器件均带有高压电，需谨慎操作。

（7）报警   当焊机出现不安全因素时，为了及时提醒操作者，在前面板上设计了下述报警指示：

1）过热。焊机大电流持续使用，当功率器件散热器的温度达到$80℃±5℃$时，热保护电路工作，报警指示灯亮，电源自动封锁输出，不能再进行焊接，此时风机不停。当温度降到热保护恢复温度以下时，报警指示灯熄灭，电源自动恢复正常，焊接可以继续进行，无须人为干预。

2）过电流。当主电路出现过电流时，过电流指示灯亮，电源自动封锁输出，不能再进行焊接，此时需要关机等待$3~4s$后再开机，电源恢复正常输出。

3）欠电压和过电压。当网压低于$AC260V±30V$时，过电流指示灯亮，控制电路自动保护，切断主电路电源输出。当网压高于$AC260V±30V$时，过电流指示灯熄灭，电源自动恢复正常，焊接可以继续进行，无须人为干预。

当网压高于$AC456V±30V$时，过电流指示灯亮，控制电路自动保护，切断主电路电源输出。当网压低于$AC456V±30V$时，过电流指示灯熄灭，电源自动恢复正常，焊接可以继续进行，无须人为干预。

2. 送丝机

送丝机组成如图 2-15 所示。

图 2-15   送丝机组成

3. 焊枪

分体式焊枪、枪头结构、枪尾结构分别如图 2-16~图 2-18 所示。

4. 安全防护

（1）焊接电源

1）逆变焊机断电后，仍会有直流高压电。在触摸元件之前，需关闭逆变焊机，断开电

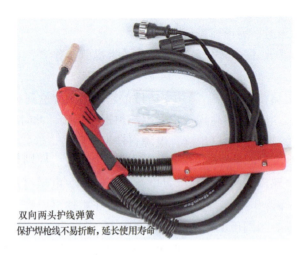

双向两头护线弹簧
保护焊枪线不易折断,延长使用寿命

图 2-16　分体式焊枪

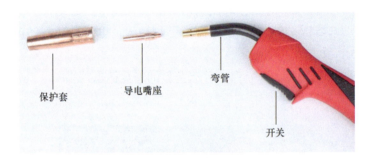

保护套　　导电嘴座　　弯管

开关

图 2-17　枪头结构

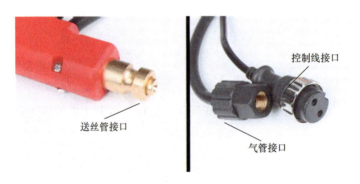

送丝管接口

控制线接口

气管接口

图 2-18　枪尾结构

源,并按规定将电容放电后方可接触。

2)元件爆炸可致伤害。当逆变焊机加电时,失效元件可能发生爆炸或导致其他元件爆炸。在维护逆变焊机时,应戴面罩,穿长袖衣服。

(2)送丝机操作

1)在送丝机工作过程中,严禁触摸带电器件及运动部件,如送丝装置、导电嘴、送丝轮等。

2）焊接过程中，应戴头盔和安全手套，穿防护绝缘鞋，使用耳塞并扣紧领口，戴焊帽并选用合适的滤光镜片，穿全套防护服。

3）焊接过程中，应使用强制通风和吸烟装置去除烟尘。

4）在触电危险性较大环境作业时，应穿全套防护服，远离易燃、易爆物进行焊接作业，密闭容器作业时应使用必要的通风换气装置，高空作业时应使送丝装置和焊丝盘安装牢固，作业时正下方水平距离 2m 范围内严禁站人。

5）除特殊需要外，送丝装置禁止放置于大于 15° 的斜面上进行工作；有特殊需要时，应采取必要措施将送丝机和焊丝盘固定牢靠。

6）导丝或更换焊丝盘时不能戴手套，应徒手操作。

7）焊接过程中，若送丝装置需要悬挂起来，则悬挂装置应与送丝装置的外壳保持电气绝缘；若采用支撑方式支撑送丝装置，应保证送丝装置与支撑物之间的电气绝缘。

8）焊丝端头会导致受伤。在确认是否送丝时，禁止直接查看焊枪导电嘴小孔，防止焊丝射出扎伤眼睛或脸部。手动送丝或按焊枪开关时，不要将焊枪端部靠近眼睛、脸部等身体外露部位。

9）焊丝盘脱落可能导致安全事故。悬挂使用送丝机时，为防止焊丝盘从盘轴上脱落，应将挡板推至最下端，并拧紧盘轴手轮。

✖ 任务实施

工作任务 1　CO_2 气体保护焊焊机的安装接线操作

◎【任务目标】

正确安装、调试 CO_2 气体保护焊设备。

【工作准备】

1）工具、设备、器材。

工具：电动螺钉旋具、内六角扳手、呆扳手。

设备及配件：NB-350 焊机、送丝机、焊接电缆、控制线、接地线、气管、CO_2 气瓶及减压阀。

材料：焊丝。

2）场地设备室：焊接实训室。

3）防护用品：工作服、防护绝缘鞋、线手套、护目镜。

【实施步骤】

步骤		操作示意图	步骤说明
第一部分：准备	穿戴劳保用品		按要求穿戴劳保用品
	准备工具、设备、配件		工具：电动螺钉旋具、内六角扳手、呆扳手
			设备：NB-350 CO_2 焊机1台，送丝机1台

（续）

步骤		操作示意图	步骤说明
第一部分： 准备	准备工具、设备、配件	控制线　　接地线 二氧化碳　　焊接电缆	配件：CO₂ 气瓶 1 只，CO₂ 减压阀 1 只，焊接电缆 1 根，控制线 1 根，接地线 1 根，气管 1 根
第二部分： 焊接电源接线	连接接地线		将接地线接到主机正面 "−" 极上
	连接控制线一端		将控制线一端接到主机正面的六芯航空控制线接口上，拧紧
	连接电缆一端		将电缆的一端接到主机正面 "+" 极上，并用内六角扳手拧紧

（续）

步骤	操作示意图	步骤说明
第三部分：送丝机安装	松开送丝机上的电缆固定座	 \n松开电缆固定座前\n\n\n松开电缆固定座后 	用电动螺钉旋具松开送丝机上电缆固定座的螺钉，松开固定座
	连接焊接电缆的另一端		将焊接电缆另一端的线鼻子套进送丝机底部的连接座上的螺栓
			套上六角螺母
			用呆扳手拧紧螺母

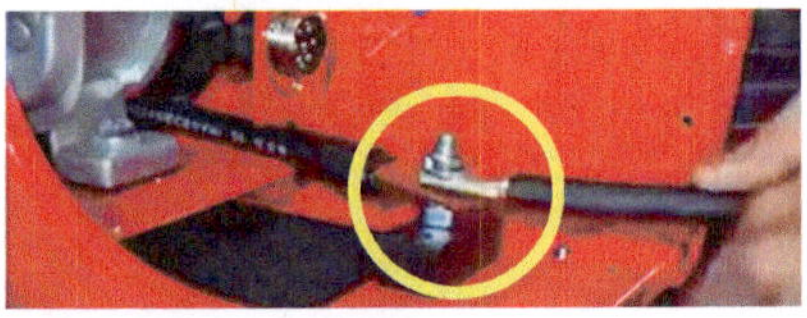

（续）

步骤		操作示意图	步骤说明
第三部分：送丝机安装	连接控制线的另一端		将控制线的另一端接到送丝机尾部的六芯控制线接口，拧紧
	连接气管的另一端		将气管的一端接到送丝机尾部的气接口上，用呆扳手拧紧
	套上整理套	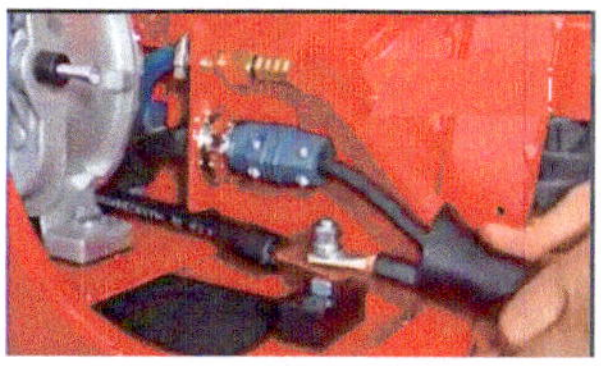	将焊接电缆、控制线、气管套上整理套
			安装送丝机上的固定座
		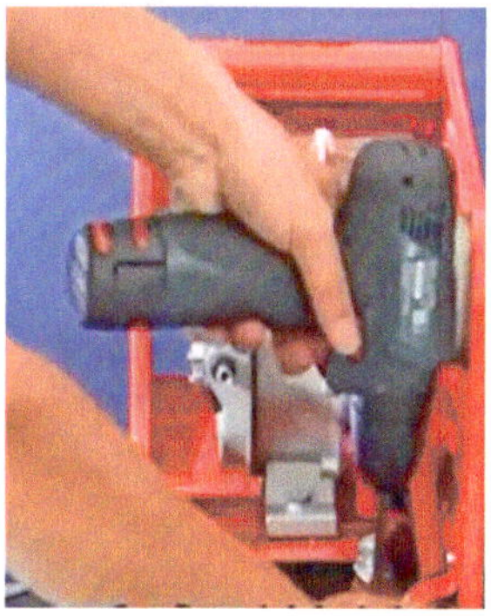	用电动螺钉旋具拧紧螺钉，固定好固定座

（续）

步骤		操作示意图	步骤说明
第三部分：送丝机安装	安装焊丝盘		将焊丝盘尾端的挡片扳到与焊丝盘安装轴同一轴线的位置 将焊丝盘推入焊丝盘安装轴。推入时注意将安装轴外套组件上的传力杆插入焊丝盘侧面的孔中
		 扳回挡片	将挡片扳到垂直于焊丝盘安装轴线的位置，使其能挡住焊丝盘以免向外窜动 确保焊丝盘可以正常滚动
	穿焊丝	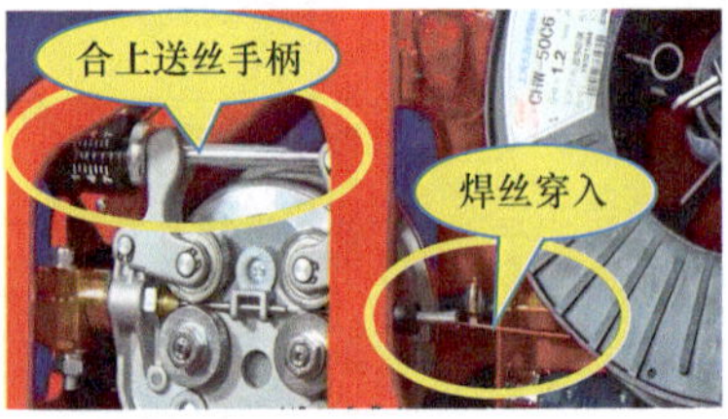 合上送丝手柄　焊丝穿入	根据焊丝直径选择与其相对应规格的送丝轮和压丝槽。剪去焊丝头部弯曲部分，将焊丝穿入送丝机，通过出口嘴送进送丝管。焊丝固定在送丝轮凹槽内后，合上送丝机手柄。施加适当的压紧力，确保焊丝不会滑动 注意：小心地转动有关装置，防止挤压手指
	将焊枪接到插座上	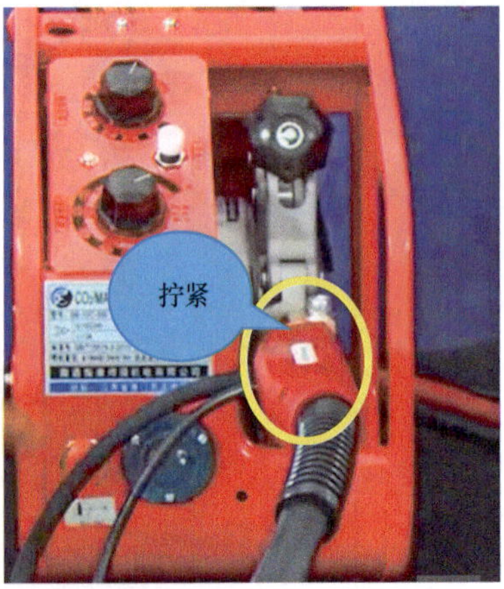 拧紧	松开送丝机上焊枪插座螺母，将焊枪接到插座上并拧紧

（续）

步骤		操作示意图	步骤说明
第四部分： 焊枪连接	接两芯控制线		将焊枪上两芯控制线接到送丝机正面两芯插座上
	接气管		将气管接到送丝机正面气接口上，并用内六角扳手拧紧
第五部分： CO$_2$ 减压阀连接	连接 CO$_2$ 减压阀		将 CO$_2$ 减压阀连接到气瓶上，用呆扳手拧紧
	连接气管另一端		将气管的另一端接到 CO$_2$ 减压阀输出口上，套上卡箍固定、拧紧

（续）

步骤		操作示意图	步骤说明
第五部分：CO_2 减压阀连接	连接加热插头		将 CO_2 减压阀上的加热插头插到主机后板上的加热器插座上

【任务评价】

CO_2 气体保护焊焊机的安装接线操作考核评价表

姓名：　　　　　学号：　　　　　　　　　　　　日期：　年　月　日

项目	评价标准	分值	得分
准备	穿戴劳保用品符合要求	5	
	准备好工具、设备及配件	5	
焊接电源接线	能正确地将接地线接到主机正面"-"极上	3	
	能正确地将控制线一端接到主机正面的六芯航空控制线接口上，拧紧	3	
	能正确地将电缆的一端接到主机正面"+"极上，并用内六角扳手拧紧	3	
安装送丝机	能正确地用电动螺钉旋具松开送丝机上的电缆固定座	3	
	能正确地将焊接电缆另一端的线鼻子接到送丝机底部的连接座上的螺栓，固定紧	3	
	能正确地将控制线的另一端接到送丝机尾部的六芯控制线接口，拧紧	5	
	能正确地将气管的一端接到送丝机尾部的气接口上，用呆扳手拧紧	5	
	能正确地将焊接电缆、控制线、气管套上整理套，固定好送丝机上的固定座	5	
	能正确地将焊丝盘安装在盘丝轴上，确保焊丝盘可以正常滚动。将挡片扳到垂直于焊丝盘安装轴线的位置，使其能挡住焊丝盘以免向外蹿动	10	
	能正确地剪去焊丝头部弯曲部分，将焊丝穿入送丝机，通过出口嘴送进送丝管。焊丝固定在送丝轮凹槽内后，合上送丝机手柄。施加适当的压紧力（注意送丝机手柄上的刻度），确保焊丝不会滑动	10	

（续）

项目	评价标准	分值	得分
减压阀连接	能正确地将 CO_2 减压阀连接到气瓶上，用呆扳手拧紧	5	
	能正确地将气管的另一端接到 CO_2 减压阀输出口上，套上卡箍固定、拧紧	5	
	能正确地将 CO_2 减压阀上的加热插头插到主机后板上的加热器插座上	5	
焊枪连接	能正确地松开送丝机上的焊枪插座螺母，将焊枪接到插座上并拧紧	5	
	能正确地将焊枪上的两芯控制线接到送丝机正面两芯插座上	5	
	能正确地将气管接到送丝机正面的气接口上并用内六角扳手拧紧	5	
5S	现场执行 5S（整理、整顿、清扫、清洁、素养）	10	
教师签字		实操总成绩（总分 100 分）	

工作任务 2　CO₂ 气体保护焊焊接实操

【任务目标】

完成板板对接水平焊。

在两个 Q235 焊片（250mm×100mm）的对接缝上进行焊接，如图 2-19 所示，让两片焊片焊接在一起，反变形量自定，建议采用前进法焊接。

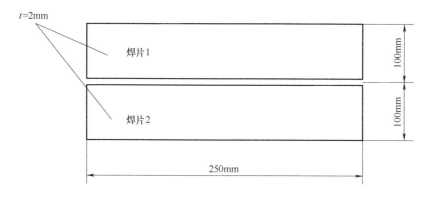

图 2-19　板板对接工艺图

焊接技术要求：要求焊接飞溅量小、不允许有烧穿等缺陷，焊缝表面要平整，不允许有明显的扭曲变形现象。

考核要点：安全防护、设备调整、焊接缺陷、焊接质量、5S 管理。

【工作准备】

1）工具、设备、器材。

设备：已完成安装的 NB-350 焊机、送丝机、CO_2 气瓶及减压阀。

材料：实芯焊丝 H08Mn2SiA ϕ1mm、钢直尺、砂纸、锤子、导电嘴、喷嘴。

2）场地设备室：焊接实训室。

3）防护用品：工作服、防护绝缘鞋、焊接手套、头戴式焊接防护面罩、焊接皮围裙、焊接护腿、焊接护臂。

【实施步骤】

步骤		操作示意图	步骤说明
第一部分：准备	识图	t=2mm 焊片1 焊片2 100mm 100mm 250mm	仔细阅读工艺图，确认工艺是否有特殊要求，如固定点位置、接头等
	穿戴劳保用品	按要求穿戴劳保用品	
	焊片表面清理、除锈	边缘20mm为宜	焊片表面除锈，清理杂质，焊缝 20mm 内露出金属光泽
	板材水平度矫正		用锤子对钢板进行水平矫正

（续）

步骤	操作示意图	步骤说明
装配定位焊		CO₂ 气体保护焊比焊条电弧焊产生的热量更多，强度更大，因此焊前需进行定位焊接，定位焊要点如下： 1）板材对接间隙和反变形角度，按个人习惯自定，但要符合工艺要求 2）定位焊长度和位置根据板材厚度和焊件结构形式而定，对接焊缝间隙引弧端预留 1.5mm，末端预留 2mm。一般定位焊缝为 5~10mm 为宜 3）在薄板板件两端，中间可再加一个定位焊缝，长度 2mm 为宜。应避免焊接后产生错位现象
第一部分：准备 调试焊接设备	焊机 NB-350 送丝机	1）开机：将后面板断路器置于"开"的位置（关机时将断路器置于"关"的位置。焊接时，若发生电网电源中断，操作者应及时置此开关于"关"位置，以防电源的非故意启动） 2）旋转送丝机上的焊接电流旋钮和焊接电压旋钮，设置焊接电压、焊接电流 3）设置气体流量。将检气开关置于"检气"位置，由流量计设置保护气体流量，然后将此开关置于"焊接"位置 4）送丝机设置 ① 确认导丝管（即送丝软管）规格 ② 确认导电嘴规格 ③ 确认送丝轮规格 ④ 确认压丝轮压紧力 ⑤ 确认枪弯曲半径 $R>200mm$ 5）点动穿丝

调整对接间隙和反变形角度

定位焊 5~10mm 为宜

工件板1

工件板2

引弧端预留 1.5mm

末端预留 2mm

定位焊长度和位置

（续）

步骤	操作示意图	步骤说明
第二部分：焊接	操作姿势	 下蹲姿势 食指控制焊枪手柄开关	根据工作台高度，采取站立或下蹲姿势，上半身稍向前倾。脚要平稳，肩膀用力，使臂膀抬至水平并保持。右手握焊枪，用食指控制焊枪手柄开关。头戴面罩，准备焊接。焊接过程中，身体与焊枪处于自然状态，手腕能灵活带动焊枪平移或转动
	引弧	 焊丝端头与工件保持2～3mm的距离	采用短路引弧。引弧时，焊丝与焊件不要接触太近，太近或接触不良会导致焊丝烧断。引弧前，使焊丝端头与工件保持 2～3mm 的距离。为了保证焊缝引弧的质量，对接焊缝引弧应从最端部引弧，然后缓慢引向焊接缝，待焊缝金属融合后以正常焊接速度前进，建立电弧稳定燃烧
	控制焊枪高度和角度	 侧视图：垂直焊接前进方向	在焊接过程中，焊枪的高度（干伸长度）和角度始终保持一致

（续）

步骤	操作示意图	步骤说明
控制焊枪高度和角度	焊缝 90° 正视图：顺着焊缝方向	在焊接过程中，焊枪的高度（干伸长度）和角度始终保持一致
第二部分：焊接　焊接	焊枪运行方向 前进法：熔深浅、焊缝宽、余高小、成形好 焊枪运行方向 后退法：熔深深、焊缝窄、余高大、成形差	CO_2气体保护焊一般采用前进法焊接。前进法焊接时，电弧推着溶池走，不直接作用在工件上，焊道平而宽，容易观察焊缝，气体保护效果好，溶深浅，但飞溅量较大　焊接过程中采用直接移动焊丝焊接法，不做任何摆动，匀速直线移动焊丝。引弧并使焊道的起始端端头充分熔合后，要使焊丝保持一定的高度和角度，以稳定的速度向前移动
完成焊接	焊接完成后，将焊枪放置在焊枪架上；关闭电源、气瓶；按照5S管理的标准整理现场	

【任务评价】

CO₂ 气体保护焊焊接实操考核评价表

姓名：　　　　　　　学号：　　　　　　　　　　　　　　　　　　日期：　年　月　日

项目	评价标准	分值	得分
穿戴劳保用品	戴好防护面罩	4	
	穿好工作服	4	
	正确穿戴防护绝缘鞋	2	
焊缝检查	焊缝无缺陷，无焊穿、咬边、气孔、未焊透、焊瘤、飞溅、假焊等现象	20	
	焊缝外观连续、成形美观	20	
	焊缝宽度，工件正面：5mm ≤ 焊缝宽度 ≤ 10mm；工件背面：不允许有缺陷	10	
	焊缝高度，正面焊缝最大高度 ≤ 3mm；背面焊缝无缺陷	10	
设备维护	正确设置焊接电流、焊接电压、气体流量	5	
	焊接前对待焊表面进行清理	5	
	接地正确，查看电路是否正常、安全	5	
	操作完成后，正确关闭设备	5	
5S	现场执行 5S（整理、整顿、清扫、清洁、素养）	10	
教师签字		实操总成绩（总分 100 分）	

项目 3

电阻点焊焊接操作

【知识目标】

1. 掌握电阻点焊的焊接原理。
2. 了解电阻点焊机的基本组成元件、各部分元件的具体作用。
3. 理解电阻点焊机焊接操作时工艺参数的调整。
4. 了解电阻点焊在车身上的具体应用。

【能力目标】

1. 掌握正确的焊接操作方法。
2. 学会电阻点焊机的使用及维护方法。

【素养目标】

树立"安全第一、预防为主"的安全生产理念。

 ## 知识准备

电阻点焊是汽车白车身采用最多的焊接工艺。汽车白车身由 500～1000 个薄板冲压焊接而成，焊点数多达 4000～9000 个。

一、点焊的焊接原理、工艺过程

1. 点焊的焊接原理

点焊是将焊件装配成搭接接头并压紧在两个柱状电极之间，利用电阻热熔化母材金属，形成焊点的电阻焊方法。常用符号"O"表示点焊。点焊的焊接原理如图 3-1 所示。

点焊多数用于薄板焊接，接头形式多采用搭接接头和翻边接头，如图 3-2 所示。

点焊时，对搭接宽度的要求是以满足焊点强度为前提的，厚度不同的工件所需焊点直径不同，对搭接宽度要求就不同。

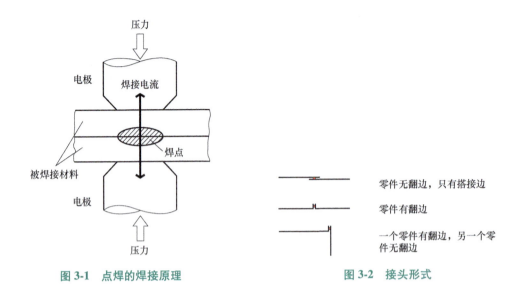

| 图 3-1　点焊的焊接原理 | 图 3-2　接头形式 |

2. 点焊的工艺过程

工件点焊加工过程：备料→表面清理→焊接（点焊）→检验。下面主要介绍表面清理和焊接（点焊）两个步骤。

（1）表面清理　工件表面状况的影响：工件表面上的氧化物、污垢、油和其他杂质会增大接触电阻。若电流过大，则会产生飞溅和表面烧损。零件表面的油污在焊接过程中会吸收热量影响焊点质量，如图 3-3 所示。

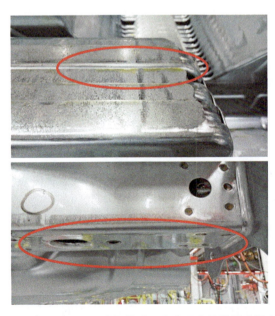

图 3-3　零件表面的油污在焊接过程中会吸收热量影响焊点质量

清理方法有两类：机械清理和化学溶剂清理。常用的机械清理方法有喷砂、喷丸以及用纱布或钢丝刷清理。

（2）焊接（点焊）　简单点焊焊接工艺过程由预压、焊接、维持、休止 4 个连续过程组成，如图 3-4 所示。

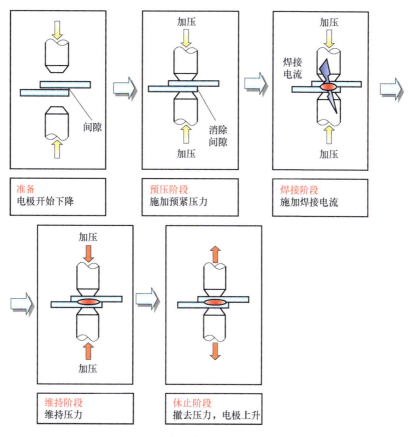

图 3-4　简单点焊焊接工艺过程

热作用使焊件贴合面母材金属熔化，机械（力）作用使焊接区产生必要的塑性变形。

1）预压阶段。其目的是使焊件之间紧密接触，使接触面上凸点处产生塑性变形，破坏表面的氧化膜，以获得稳定的接触电阻。

如果预压力不足，则可能只有少数凸点接触，形成较大的接触电阻，产生较大的电阻热，接触的金属很快熔化并以火花的形式飞溅出来，严重时甚至可能烧坏焊件或电极。焊点飞溅如图 3-5 所示。

2）焊接阶段。金属总是在电极加持处的焊件基础面上开始熔化，并不断扩展逐步形成熔核。

易发生的问题是熔核金属的飞溅。产生飞溅时，溢出了熔化金属，削弱了焊点强度，降低了接头的力学性能，同时会使焊件表面产生凹坑、污染工作环境。

图 3-5　焊点飞溅

3）维持阶段。熔核达到合适的形状和尺寸后，可以切断焊接电流，熔核在电极压力作用下冷却结晶。

熔核结晶是在封闭的金属膜内进行的，结晶时不能自由收缩，用电极挤压就可使正在结晶的金属变得紧密，不会产生缩孔和裂纹，所以电极压力要在焊接电流断开、熔核金属全部结晶后才能停止作用。

4）休止阶段

休止阶段点焊接头的形成过程如下：

① 电源通过电极向焊件通电加热，在焊件内部形成熔核。熔核形成原因：熔核处距离电极远，冷却慢，热量散不出去，如图3-6所示。

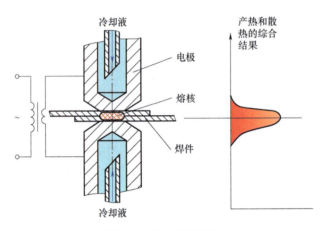

图3-6　熔核形成原因

② 熔核中的液态金属在电磁力作用下发生强烈搅拌，熔核内的金属成分均匀化，结合界面迅速消失。

③ 断电后，在电极压力作用下凝固结晶，形成点焊接头。

④ 在接头形成一个环状的、尚未达到熔化状态的塑性变形环，可防止周围气体侵入和液态熔核金属沿板缝向外喷溅。

二、点焊的基本特点及优点

1. 点焊的基本特点

1）焊件间靠尺寸不大的熔核进行连接，熔核均匀、对称地分布在两焊件的贴合面上。

2）点焊具有大电流、短时间、压力状态下进行焊接的工艺特点。

3）点焊是热-机械（力）联合作用的焊接过程。

2. 点焊的优点

1）可以在短时间内焊接，所以效率高。

2）不需要填加材料。

3）发热都集中在某个局部，被焊接材料很少发生热变形，焊接接头质量好。

4）易实现自动化。

5）劳动条件好，不放出有害气体和强光。

三、焊接参数

焊接参数的选择主要取决于金属材料的性质、板厚、结构形式及所用设备的特点（焊接电流波形和压力曲线）。

点焊焊接参数主要包括电极头端面尺寸、焊接电流、焊接时间、电极压力等。

1. 点焊电极

（1）点焊电极主要功能

1）向工件传导电流。

2）向工件传递压力。

3）迅速导散焊接区的热量。

（2）点焊机对电极材料的要求

1）在高温与高压下都有合适的导电性、导热性。

2）有足够的高温强度与硬度。

3）高温与高压下具有较高的氧化能力，与焊件材料形成合金倾向小。

4）加工制造方便，价格便宜。

（3）电极材料　点焊常用的电极材料是铜合金。

1）纯铜电极。纯铜具有良好的导电性和导热性，但由于其硬度和屈服极限较低，因此使用寿命很短。

2）镉青铜电极。镉青铜具有较好的力学性能和导电性（为纯铜的90%），常用来制造焊接黑色金属的电极和有色金属电极。

3）铬青铜电极。铬青铜电极具有相当高的硬度，有良好的导电性和较好的抗氧化能力，使用寿命长，因此被广泛用于耐热钢和不锈钢的焊接。

（4）电极头端面尺寸　点焊时，与焊件表面相接触的电极端部的尺寸称为电极头端面尺寸。常用电极头结构如图3-7所示。

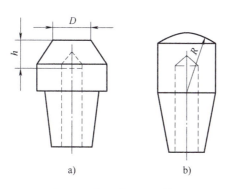

图3-7　常用电极头结构

D—锥台型电极头端面直径　R—球面形电极头球面半径　h—端面与水冷端距离

电极头端面尺寸的影响：

1）电极头端面尺寸太大，电流密度降低，散热效果增强，加热程度减弱，熔核尺寸减小，承载能力减弱。

2）电极头端面尺寸太小，电流密度过高，可能导致过烧，同时使焊核直径偏小，达不到要求。

3）随着电极头端面尺寸的变形和磨损，接触面积将增大，焊点强度将降低。

当电极（材料、端面面形状和尺寸）选定后，焊接参数的选择主要是焊接电流、焊接时间、电极压力。

2. 焊接电流

点焊时产生的热量为

$$Q = I^2 Rt$$

式中　Q——产生的热量（J）；

I——焊接电流（A）；

R——电极间电阻（Ω）；

t——焊接时间（s）。

电流对产生热量的影响如图 3-8 所示。

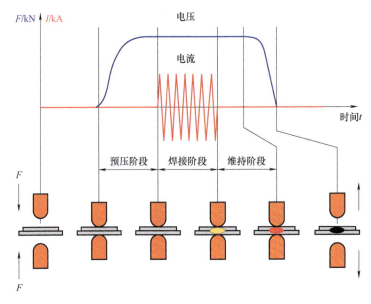

图 3-8　电流对产生热量的影响

从上式和图 3-8 可见，电流对产生热量的影响比电阻和时间两者都大。

1）电流偏小，热源强度不足以形成熔核或熔核较小，是造成爆焊的主要原因。

2）电流过大，会导致焊点过热、喷溅、压痕过深、焊接穿孔，从而削弱焊接强度，造成焊接不良。接头抗剪载荷与焊接点电流的一般关系如图 3-9 所示。

因此，在焊接过程中，焊接电流是一个必须严格控制的参数。从防止过热组织和细化晶粒的角度考虑，应减小焊接电流。车身电阻点焊焊接电流的范围为 8500～10000A。

3. 焊接时间

为了保证熔核尺寸和焊点强度，焊接时间与焊接电流在一定范围内可以互为补充。

通电时间过短，则产生热量过少，熔核尺寸下降，强度下降。

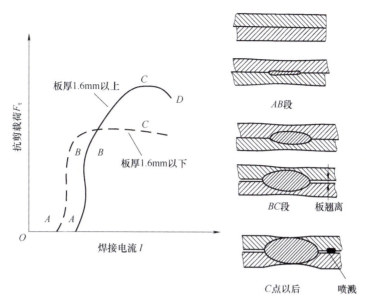

图 3-9 接头抗剪载荷与焊接点电流的一般关系

通电时间较长会对接头的塑性指标产生较大的不良影响。通电时间的影响如图 3-10 所示。

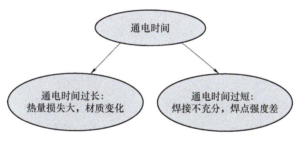

图 3-10 通电时间的影响

4. 电极压力

（1）给电极施加压力的作用

1）破坏表面氧化污物层。

2）保持良好接触电阻，使焊接部位阻值均匀，防止局部加热。

3）提供压力促进焊件融合。

4）热熔时形成塑性环，防止周围气体进入。

5）形成塑性环，防止液态熔核金属沿板缝向外喷溅。

（2）电极压力的影响

1）电极压力对两电极间总电阻 R 值有显著影响，随着电极压力的增大，R 值显著减小。

2）电极压力过小，会使塑性变形不足，造成因电流过大引起加热速度增大，塑性环来不及扩展,将产生喷溅,也会使焊点强度降低。

3)电极压力过大,会使焊接区接触面过大,总电阻和电流显著减小,熔核尺寸减小,甚至造成未焊透。

4)材料的高温强度越高,所需的电极压力越大。

电极压力的影响如图 3-11 所示。

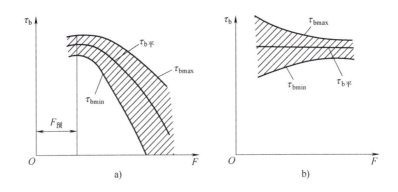

图 3-11 电极压力的影响

a)仅增大电极压力 b)增大电极压力时延长通电时间或增大焊接电流

在增大电极压力的同时适当加大焊接电流和延长通电时间,可使焊点强度维持不变,稳定性可大大提高。

四、焊接参数间相互关系及选择

生产中有两种配合方式:

1)焊接电流与焊接时间的配合(反映焊接区加热速度快慢)。

2)焊接电流与电极压力的配合(以焊接过程中不产生喷溅为原则)。

这是目前常用点焊规范的制定依据。

1. 焊接电流与焊接时间的配合

(1)软规范 小焊接电流,长焊接时间。

优点:加热平稳,焊接质量稳定。温度场分布平缓,塑性区宽,在压力作用下容易变形,可防止喷溅、缩孔和裂纹倾向;减小接头冷裂纹倾向;设备便宜。

缺点:压痕深,接头变形大,表面质量差,电极磨损快,生产效率低,能量损耗大。

应用:低合金钢、可淬硬钢、耐热合金、钛合金等。

(2)硬规范 大焊接电流,短焊接时间。

优、缺点与软规范相反。

应用:铝合金、奥氏体不锈钢、低碳钢及不等厚度板材等。

电极压力应根据规范变化,且硬规范焊接所用的电极压力大于软规范焊接电极压力。

2. 焊接电流与电极压力的配合

焊接电流大时,电极压力也应大一些。

两个参数的适配准则以不产生喷溅为临界条件，对于不同软、硬规范类型，该临界区域有所不同。焊接电流与电极压力的配合如图 3-12 所示。

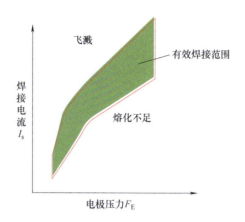

图 3-12　焊接电流与电极压力的配合

五、点焊过程控制

1. 点焊的分流

当工件上有多个焊点，完成一个焊点后继续进行下一点的焊接工作时，有一部分电流会流向先前已焊好的焊点，造成焊接电流变小，影响焊接品质。点焊分流如图 3-13 所示。

1）分流的危害：分流使焊接区的电流减小，有可能形成未焊透（使焊点强度降低）或使核心发生畸形，严重时产生喷溅等。分流对设备和零件产生的影响如图 3-14 所示。

2）分流的影响因素。

① 点焊的焊点间距。两相邻焊点间距越小，则分流路径部分电阻越小，而产生的分流越大。焊点间距如图 3-15 所示。

② 焊接顺序。两边有焊点时，分流大于单面有焊点。焊接顺序对分流的影响如图 3-16 所示。

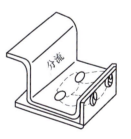

图 3-13　点焊分流

③ 焊件表面状态。表面不清洁时电阻大，分路电阻相对减小，分流增大。

④ 电极与工件非焊接区相接触，分流很大，易烧坏工件。

⑤ 焊件装配不良或装配过紧，分流大。

⑥ 当焊件厚度相同时，分路阻抗小于焊接阻抗，此时分流将大于焊接处所通过的电流。

3）解决分流的措施。

① 选择合适的焊点间距。

② 焊前清理焊件表面。

③ 选择合理的焊接顺序。

④ 适当加大焊接电流以补偿分流，提高装配质量。

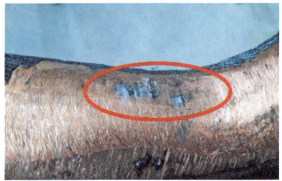

图 3-14　分流对设备和零件产生的影响

图 3-15　焊点间距

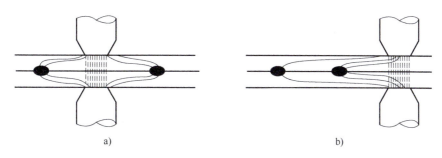

图 3-16　焊接顺序对分流的影响

a）两边有焊点　b）单边有焊点

2. 电极使用

（1）正确使用电极注意事项

1）更换电极后要打试片，检查焊点情况并及时修锉电极。电极外观如图 3-17 所示。

图 3-17　电极外观

2）更换电极时，必须使用专用工具，不得野蛮操作。图 3-18 所示为电极扳手环形套入电极用力压紧转动；图 3-19 所示为用钣金锤轻轻敲打到电极不松动为止。

图 3-18　电极扳手环形套入电极用力压紧转动

图 3-19　用钣金锤轻轻敲打到电极不松动为止

3）焊接过程中，电极表面必须与被焊工件表面垂直。

4）上、下电极工作面必须保证同心，不得错位，如图 3-20 所示。

5）经常检查电极磨损情况并及时修锉或更换。

6）电极必须与相应牌号焊钳配合使用。

7）必须掌握焊枪的正确使用方法，了解焊机的性能和结构。

（2）电极修整的确认项目及标准

1）电极工作端面直径。

2）上、下电极同心度：偏心控制在 1.0mm 以内。

3）上、下电极的重合度：在一端接触的情况下，另一端间隙控制在 0.5mm 以内。

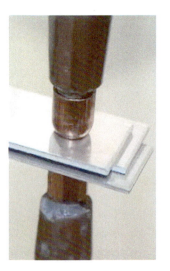

4）电极工作端面的表面状态：电极端面应无针孔、裂纹、凹陷、变形、毛刺、脏污。

3. 点焊焊接过程的注意事项

1）焊前检查零部件是否装夹到位，不得遗漏，压紧可靠后才可施焊。

图 3-20　上、下电极同心

2）在焊接过程中，应按照工艺要求进行操作，焊点数、焊点位置、焊点强度应符合工艺要求。

3）在焊接过程中，应随时检查零件焊装情况并按要求抽检焊点强度。

4）焊点点距、直线度等应符合要求。

5）焊接过程中不得野蛮操作。

6）焊接过程中，应随时检查电极磨损情况。

7）严格遵守三检制度。

4. 点焊的设备

点焊设备的类型有很多，常用的有以下几种。

1）悬挂式点焊机（图 3-21）。

2）固定式点凸焊机（图 3-22）。

图 3-21 悬挂式点焊机

图 3-22 固定式点凸焊机

3）同体式悬挂点焊机（图 3-23）。

4）一体化悬挂式点焊机（图 3-24）。

图 3-23 同体式悬挂点焊机

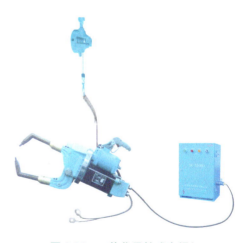

图 3-24 一体化悬挂式点焊机

六、焊钳

焊钳分为 X 形和 C 形。焊钳用循环水冷却的冷却方式。手动焊钳循环水压差越大，冷却速度越快。

1. 焊钳安全标识

焊钳安全标识如图 3-25 所示。

图 3-25　焊钳安全标识

1—危险警示　2—危险电压　3—电磁场　4—可能导致伤害　5—表面有高温
6—磁场　7—不得带有金属物品　8—不得戴手表　9—带有心脏起搏器者止步
10—防护服　11—护目镜　12—查阅手册

安全标识贴在焊钳两侧护板上。

2. 焊钳安全注意事项

1）焊接遵守国际和国家标准要求：DIN 标准、VDE 要求、事故预防标准。

2）防止焊渣飞溅，务必带好护目镜。

3）点焊时，防止手触碰电极臂、握杆及其他部件。

4）确保关闭电源、断电，没有自行通电、接地等。

5）修理时，确保关闭水路、电路、气路。

6）要有急停意识。一旦遇到紧急情况，立即按下"急停开关"。

7）注意吊杆和连接器是否可靠。

8）注意平衡陀钢丝绳、二次保护是否可靠。

9）注意转盘转动时的安全及锁紧是否可靠。

3. 焊钳结构

焊钳整体结构分为钳臂和钳体，如图 3-26 所示。

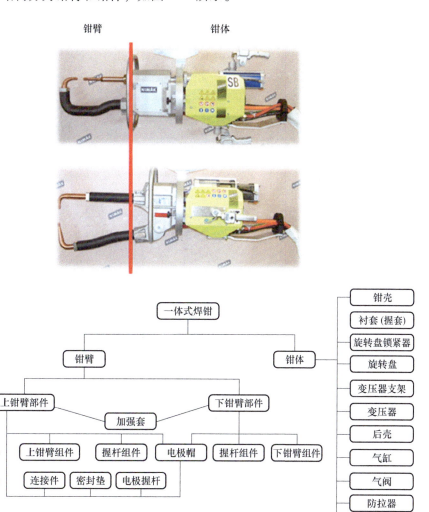

图 3-26　焊钳整体结构

C 形焊钳的结构及外观如图 3-27 所示，X 形焊钳的结构及外观如图 3-28 所示。焊钳结构-水气说明如图 3-29 所示。

4. ARO 伺服焊钳

ARO 伺服焊钳铭牌如图 3-30 所示。

ARO 伺服焊钳维护：

1）检查电极臂是否漏水，及时清理电极臂表面焊渣。

2）检查电动机密封套是否紧固，有无破损；电动机尾部是否进水、生锈。

3）检查水管接头、水路是否泄漏，水管是否严重膨胀。

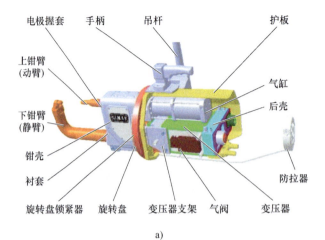

电极握套　手柄　吊杆　护板
上钳臂（动臂）
气缸
后壳
下钳臂（静臂）
钳壳
衬套
防拉器
旋转盘锁紧器　旋转盘　变压器支架　气阀　变压器

a)

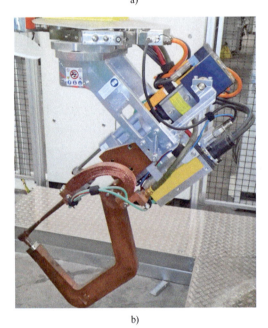

b)

图 3-27　C 形焊钳的结构及外观

a）结构　b）外观

4）检查电路连接的插座、插头是否损坏或松动。

5）检查固定部件螺栓（例如电极臂、大臂等主要部件的螺栓）是否松动。

6）检查伺服焊钳管线包是否破损，固定支架是否牢固。

电阻焊设备由焊钳、焊接变压器、控制箱三大部分组成。

焊钳是根据焊接设备的形状、尺寸而定，种类繁多。它主要由气缸、电极及启动开关装置组成。

焊接变压器是电阻焊机供电装置的核心，其工作原理与一般电力变压器相似，但结构及使用条件不同。

控制箱是整个电阻焊机的关键控制部分。整个电阻焊机的功能范围、焊接质量、设备的可靠性基本上由控制箱决定。

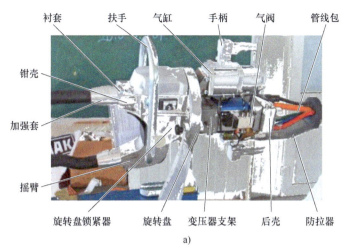

衬套　扶手　气缸　手柄　气阀　管线包

钳壳

加强套

摇臂

旋转盘锁紧器　旋转盘　变压器支架　后壳　防拉器

a)

b)

图 3-28　X 形焊钳的结构及外观

a）结构　b）外观

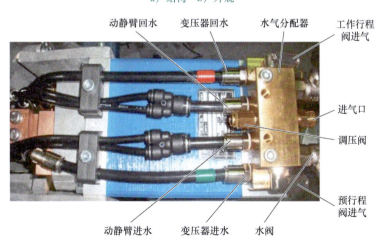

动静臂回水　变压器回水　水气分配器　工作行程阀进气

进气口

调压阀

预行程阀进气

动静臂进水　变压器进水　水阀

图 3-29　焊钳结构-水气说明

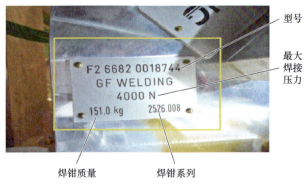

图 3-30　ARO 伺服焊钳铭牌

任务实施

工作任务 1　焊钳的安装接线操作

【任务目标】

正确安装 X 形焊钳。

【工作准备】

1）工具、设备、器材。

工具：电动螺钉旋具、内六角扳手、呆扳手。

配件：焊钳主体、摇臂、转盘、焊臂、定铜头、动铜头、动导电片、气缸、螺杆。准备零部件如图 3-31 所示。

图 3-31　准备零部件

2）场地设备室：焊接实训室。

3）防护用品：工作服、防护绝缘鞋、线手套。

【实施步骤】

步骤	操作示意图	步骤说明
穿戴劳保用品，准备工具、备件		按要求穿戴劳保用品，准备好工具、配件
安装动导电片		动导电片应安装位置正确、连接牢固
安装定、动铜头		定、动铜头应安装位置正确、连接牢固

（续）

步骤	操作示意图	步骤说明
安装机壳		机壳应安装位置正确、连接牢固
安装摇臂及转盘		摇臂及转盘应安装位置正确、连接牢固
安装气缸		气缸应安装位置正确、连接牢固
安装焊臂		焊臂应安装位置正确、连接牢固

【任务评价】

焊钳的安装接线操作考核评价表

姓名：　　　　　学号：　　　　　　　　　　　　　　　日期：　年　月　日

项目	评价标准	分值	得分
穿戴劳保用品	戴好防护眼镜。未戴防护眼镜扣2分	4	
	工作服穿戴整齐。未穿戴工作服扣2分	4	
	正确穿戴防护绝缘鞋。未正确穿戴防护绝缘鞋扣1分	2	
安装	动导电片安装位置正确、连接牢固。安装位置不正确扣6分，连接不牢固扣4分	20	
	定、动铜头安装位置正确、连接牢固。安装位置不正确扣6分，连接不牢固扣4分	20	
	机壳安装位置正确、连接牢固。安装位置不正确扣6分，连接不牢固扣4分	10	
	摇臂及转盘安装位置正确、连接牢固。安装位置不正确扣6分，连接不牢固扣4分	10	
	气缸安装位置正确、连接牢固。安装位置不正确扣6分，连接不牢固扣4分	10	
	焊臂安装位置正确、连接牢固。安装位置不正确扣6分，连接不牢固扣4分	10	
5S	现场执行5S（整理、整顿、清扫、清洁、素养）	10	
教师签字	实操总成绩（总分100分）		

工作任务 2　电阻点焊焊接实操

【任务目标】

3片焊片焊接：每人3片考核焊片，焊接时要求纵向重叠，但要分别相互错开20mm。在焊片的重叠处焊接4个焊点，如图3-32所示。

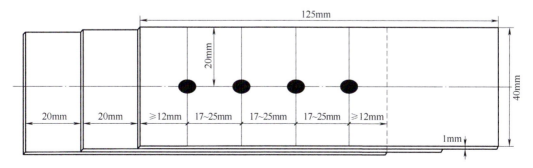

图3-32　焊点要求

【工作准备】

1）场地设备：点焊实训室；一体式悬挂点焊机，如图 3-33 所示。

纵梁、
横梁

平衡器

控制箱

焊钳

a)

b)

图 3-33　一体式悬挂点焊机

2）工具、工装：C 形大力钳、平嘴大力钳、夹紧工作台。大力钳如图 3-34 所示，夹紧工作台如图 3-35 所示。

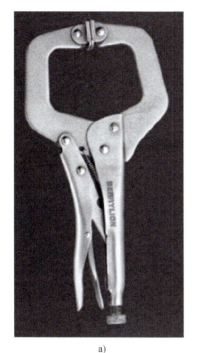 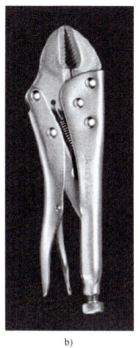

a)　　　　　　　　　　　　　　b)

图 3-34　大力钳

a）C 形大力钳　b）平嘴大力钳

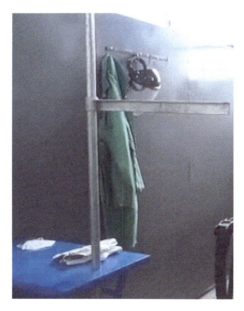

图 3-35　夹紧工作台

3）防护用品：工作服、防护绝缘鞋、焊接手套、头戴式焊接防护面罩、焊接皮围裙、焊接护腿、焊接护臂。

⚠ 【实施步骤】

步骤		操作示意图	步骤说明
第一部分：准备	识图		仔细阅读工艺图，清楚工艺要求
	穿戴劳保用品		按要求穿戴劳保用品
	焊片表面清理、除锈		焊片表面除锈，清理杂质，焊缝 20mm 内露出金属光泽
	划线		分别在 3 片考核片上划线。划针贴住直尺向后倾斜，保持 45°~75°，向外倾斜 16°~20°，适当用力画出中心 1 片考核片在距离焊片边缘 12mm 处划线，每 17~25mm 划 1 次线 另外两片在距离焊片边缘 20mm 处划线
	夹紧		3 片焊片按要求叠放，用平嘴大力钳夹紧，然后用 C 形大力钳夹紧在夹紧工作台横梁上
第二部分：焊接	接通水路		接通水路，检查水的压力和流量，应符合要求
	接通气源		接通气源，调节并检查空气压力
	参数设定		通过编程监视器对控制系统进行各项参数的设定
	调试		将控制器功能开关置于"调试"位置，按下安装在焊钳上的操作开关，检查气动部件及焊钳动作是否正常可靠、控制器各程序是否运行正常

（续）

步骤		操作示意图	步骤说明
第二部分：焊接	试焊		将控制器功能开关置于"工作"位置进行焊接操作 将焊钳钳口对准焊片的焊接位置，按下焊钳上的启动开关，点焊机按预先设定的程序自动完成一个焊接周期，焊好一个接点。然后依次焊接其他位置
	焊接		通过试焊调整好水流量、气源气压和焊接规范参数后，开始焊接操作
	完成焊接		悬挂式点焊机焊接完成后，及时切断电源、水源和气源。北方的冬天气温低于4℃时，需要用压缩空气吹出设备内的冷却水，以防结冰破坏冷却水路

【任务评价】

电阻点焊焊接实操考核评价表

姓名：　　　　　　学号：　　　　　　　　　　　　　　　日期：　年　月　日

项目	评价标准	分值	得分
穿戴劳保用品	戴好护目镜。未戴护目镜扣2分	4	
	工作服穿戴整齐。未穿戴工作服扣2分	4	
	正确穿戴防护绝缘鞋。未正确穿戴防护绝缘鞋扣1分	2	
焊前准备	焊片表面除锈，清理杂质。未除锈、清理杂质分别扣5分	10	
	划线。划线不准确扣5分，不清晰扣5分	10	
电阻焊	试片焊点外观无缺陷。击穿、扭曲、飞溅、压痕过深等扣10分	10	
	焊点直径。焊点直径小于4mm判定不合格扣10分	10	
	扭曲焊点撕拉试验。扭曲焊点撕拉试验后试片应有大于4mm的孔，否则扣10分	10	
	试片破坏检验。焊点破坏检验后焊核直径应大于5mm，否则扣10分	10	
设备使用维护	设备检查。水路、气路未检查分别扣2分	5	
	设定、调整焊接参数。参数不规范扣5分	10	
	焊接完成后切断电源、水源和气源。未切断电源、水源和气源分别扣2分	5	
5S	现场执行5S（整理、整顿、清扫、清洁、素养）	10	
教师签字	实操总成绩（总分100分）		

项目 4

螺柱焊焊接操作

【知识目标】

1. 掌握螺柱焊的工作原理、特点及应用，正确进行焊接工艺参数的选择。
2. 熟悉螺柱焊设备的组成、安装、使用方法。
3. 掌握螺柱焊的操作要点。

【能力目标】

1. 能根据螺柱焊的使用要求，合理选择螺柱焊设备。
2. 能够正确安装、调试、使用螺柱焊设备。
3. 能够根据实际生产条件和具体的焊接结构及其技术要求，正确选择螺柱焊工艺参数、工艺措施。
4. 掌握螺柱焊的实际操作技能。

【素养目标】

树立"安全第一、预防为主"的安全生产理念。

知识准备

　　螺柱焊具有快速、可靠、操作简单及无孔连接等优点，正逐步替代汽车制造中的铆接、螺栓联接等连接工艺。目前螺柱在汽车车厢内的作用是固定线束、内饰件和地毯等，如图4-1所示；在车厢外的作用是固定线束、燃油管、制动油管以及隔热板、导流板等底盘附件。螺柱在轿车制造中的使用量日益增长。常用螺柱的类型如图4-2所示。

一、螺柱焊的特点、工作原理、工艺流程

1. 螺柱焊的特点

　　螺柱焊具有快速、可靠、简化工序、降低成本等优点，现已广泛应用到桥梁、高速公路、房屋建筑、造船、汽车、电站、电控柜等行业，可焊接低碳钢、不锈钢、低合金钢，

铜、铝及其合金材质的螺柱、焊钉、销钉、栓钉等。

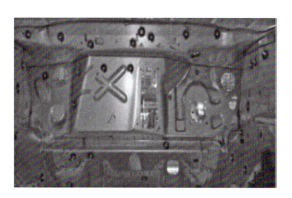

图 4-1 螺柱用于固定线束、内饰件和地毯等

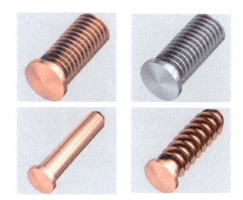

图 4-2 常用螺柱的类型

螺柱焊已经成为一种基本的热加工方法，螺柱（焊钉）的焊接大约有 80% 是通过螺柱焊机完成的。

2. 螺柱焊的工作原理

螺柱焊的基本工作原理是待焊螺柱与工件之间引燃电弧，当螺柱与工件被加热到合适温度时，将螺柱送入工件上的焊接熔池形成焊接接头。

螺柱焊机是一种特殊的弧焊机，焊枪里的螺栓先接触工件，在焊接按钮闭合时，螺栓被焊枪提起，螺栓与工件之间产生电弧，然后螺栓落下来粘在工件上，完成焊接过程。整个过程类似射钉枪射钉，就像直接将螺柱"栽（种）"在母材上。其具体过程分为以下 4 个阶段（图 4-3）：

图 4-3 螺柱焊的 4 个阶段

1）短路阶段：焊接工艺的前提条件是焊接螺栓接触工件表面，以便焊接回路随着启动命令的发出通过螺栓和工件间发生短路。

2）起始电流阶段：起始电流稳定之后，焊枪的回程机构使螺栓离开工件，引燃起始电流的电弧，即引弧。起始电流的电弧是用来引燃主电弧的。

3）焊接阶段：起始电流阶段结束之后接通主焊接电流，它将强化电弧，使螺栓端面和工件表面熔化。

4）浸没阶段：电弧在工件上以及螺栓端面生成一个熔池的过程中，回程磁铁线圈断电，螺栓被压力弹簧压入熔池。随着螺栓浸入熔池，电弧熄灭，使得均匀的熔体凝固，焊枪在焊接电流关断之后离开螺栓。

3. 螺柱焊的工艺流程

下面以拉弧式螺柱焊详述螺柱焊的工艺流程。拉弧式螺柱焊使用焊枪或焊接机头可以进行机械化或自动化焊接。

（1）接触 将螺栓装入螺钉夹头中，将螺栓与工件表面接触，按下焊枪开关，螺栓和工件短路，如图4-4所示。

（2）垂直 一旦焊枪的灭弧罩接触工件，就将灭弧罩与工件表面垂直，如图4-5所示。

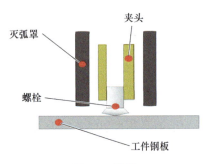

图 4-4 接触

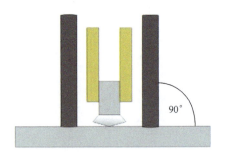

图 4-5 垂直

（3）提升引弧 在启动触发后，开始加压，开始进入引弧阶段。引弧电流稳定后，焊枪上的提升线圈通电工作，螺栓被提升，螺栓与工作表面之间形成电弧，如图4-6所示。

（4）拉弧熔化 在引弧电流稳定一段时间之后（6~7ms），引弧电流结束，将要进入主焊接电流通过阶段。在这段时间内，在螺栓和工件表面会形成焊接熔池，如图4-7所示。

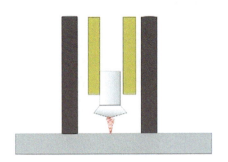

图 4-6 提升引弧

图 4-7 拉弧熔化

（5）下落融合 当焊接时间达到要求的时间时，螺栓被作用一个极限作用力，开始回落，推入熔池中融合，同时电流开关被关闭，如图4-8所示。

（6）凝结拔枪 焊接熔池冷却结束之后，手动焊枪或者自动焊枪离开螺栓，整个焊接过程全部完成，如图4-9所示。

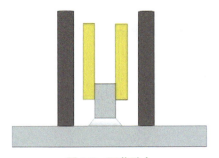

图 4-8 下落融合

图 4-9 凝结拔枪

焊接工艺流程时序如图 4-10 所示。

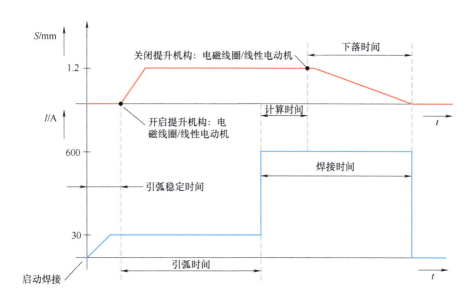

图 4-10　焊接工艺流程时序

图 4-10 中，I 为焊接电流，t 为时间，S 为螺栓与工件之间的距离。当螺栓接触工件时，接地线测量线与焊接测量线之间电压 U 为 0V。焊机检测到 U 为 0V 时，即切断焊接电流，停止焊接。若焊机检测到 U 大于一定值，则认为焊接未结束，焊接超过设定时间 8ms 时，焊机强制停止焊接电流。

二、螺柱焊分类及适用范围

按照焊接过程的不同，螺柱焊可分为拉弧式螺柱焊和储能式螺柱焊（也称为尖端引弧螺柱焊）两大类。实际应用中，螺柱焊可分为电弧螺柱焊、储能式电容放电螺柱焊、拉弧式电容放电螺柱焊和短周期螺柱焊。螺柱焊的分类及适用范围见表 4-1。

表 4-1　螺柱焊的分类及适用范围

类型	电弧螺柱焊	储能式电容放电螺柱焊	拉弧式电容放电螺柱焊	短周期螺柱焊
特点	大直径螺柱、长焊接周期	薄板焊件+小直径螺柱	焊接过程可控性高，螺柱直径与板厚比大	小直径、短螺柱、厚涂层的薄壁结构
适用直径	10~25mm	≤6mm	3~8mm	4~16mm
应用	建筑钢结构、桥梁、化工、造船等大型结构建造时中厚板的植钉	家电、五金制品、汽车制造、装修装饰等小件零部件的固定	通信设备、汽车车身及内部结构件的连接	汽车车身内部结构件、装饰件的连接

三、螺柱焊工艺参数

1. 短周期螺柱焊工艺参数

短周期螺柱焊工艺参数有先导电流、先导电流时间、焊接电压、焊接电流、焊接时间、螺柱提升量、螺柱插入速度等。

短周期螺柱焊，可根据以下公式估计焊接电流、焊接时间：

1）先导电流 I_P：根据螺柱直径大小，一般为 30~100A。

2）先导电流时间 T_P：一般为 40~100ms。

3）焊接电流 I_W：一般为 $I_W = 100d$（A）。

4）焊接时间 T_W：一般为 $T_W = 4d$（ms）。

5）焊接电压：焊接电压一般为 20~40V。

6）螺柱提升量：螺柱提升量一般为 1.5~7mm。

7）螺柱插入速度：直径 $d \leqslant 14$mm 的螺柱插入速度大约为 200mm/s，更大直径的螺柱插入速度为 100mm/s。

2. 储能式电容放电螺柱焊、拉弧式电容放电螺柱焊工艺参数

储能式电容放电螺柱焊、拉弧式电容放电螺柱焊工艺参数有焊接电流、焊接电压、焊接时间和螺柱伸出长度（加套端部与螺柱台阶之间的距离）、插入速度等。

1）焊接电流：最大的电流为 1000~10000A，与充电电压、电容容量和电缆的阻抗和感抗有关。充电电压一般为 40~200V。

2）焊接时间：储能式电容放电螺柱焊焊接时间一般为 1~3ms，拉弧式电容放电螺柱焊焊接时间一般为 3~10ms。

3）额定储存能量：额定储存能量 $W = CU^2$（C 为电容容量，U 为充电电压）。

4）螺柱伸出长度：螺柱伸出长度一般为 0.5~1.5mm。

5）插入速度：插入速度一般为 0.5~1.5m/s。

四、螺柱焊设备

按操作形式分，螺柱焊有手工螺柱焊和自动化螺柱焊；按设备类型分，螺柱焊机有工频螺柱焊机和中高频螺柱焊机。图 4-11 所示为自动化螺柱焊使用的一种半自动焊枪。

图 4-11 半自动焊枪

1. 半自动焊枪

校直原理：通过测量螺柱伸出防溅罩的长度（图 4-12）判断垂直。

先凭目测调节防溅罩，确保螺柱伸出长度为 2~3mm。在焊枪垂直接触工件后，扣扳机测取伸出长度，进行多次测量，其间调节防溅罩确保螺柱伸出长度为 2.3~2.8mm，尽量选用较大值。

垂直度对焊接效果的影响如图 4-13 所示。

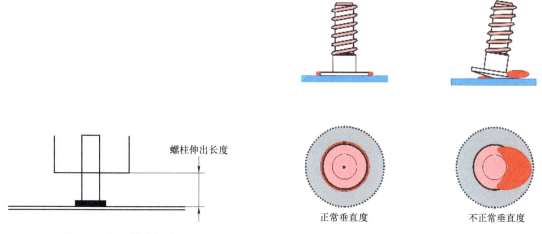

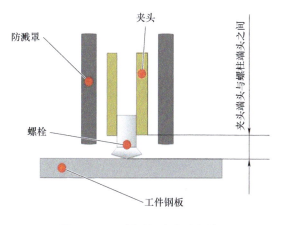

图 4-12　螺柱伸出长度

图 4-13　垂直度对焊接效果的影响

2. 螺柱焊设备点检与维护主要内容

1）位置。

① 若防溅罩、支撑杆松动，务必调节重校。

② 防溅罩（手动、半自动）/支撑杆（自动）调节前提：防溅罩/支撑杆应位于夹头端头和螺柱端头之间，决不能后于夹头端头，以免螺柱未填充时夹头误焊。手动焊枪/半自动焊枪如图 4-14 所示。自动焊枪如图 4-15 所示。

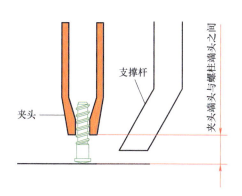

图 4-14　手动焊枪/半自动焊枪

图 4-15　自动焊枪

2）手动焊枪。手动焊枪点检与维护主要内容见表 4-2。

表 4-2 手动焊枪点检与维护主要内容

序号	部位	描述	图示
①	夹套	清洁，检查是否损坏	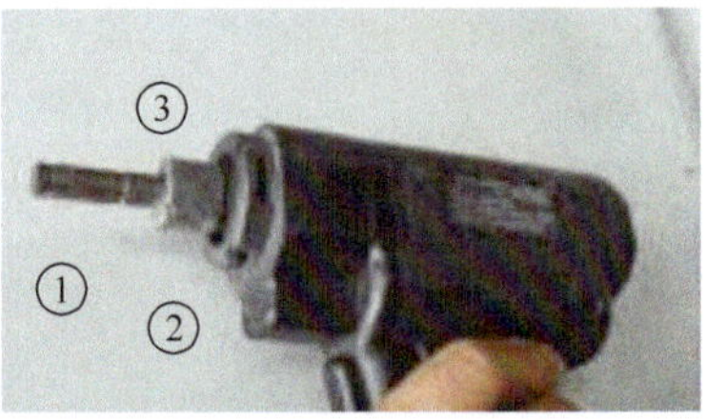
②	锁紧螺母	清洁，检查是否松动或损坏	
③	焊枪	检查焊枪运动是否顺畅	
④	灭弧罩	清洁，检查是否损坏	
⑤	接地极	清洁，检查是否接触良好	
⑥	显示器	检查显示器是否显示正常	
⑦	其他	检查是否有其他异常情况	

3）半自动焊枪。半自动焊枪点检与维护主要内容见表 4-3。

表 4-3　半自动焊枪点检与维护主要内容

序号	部位	描述	图示
①	灭弧罩	清洁，检查是否损坏	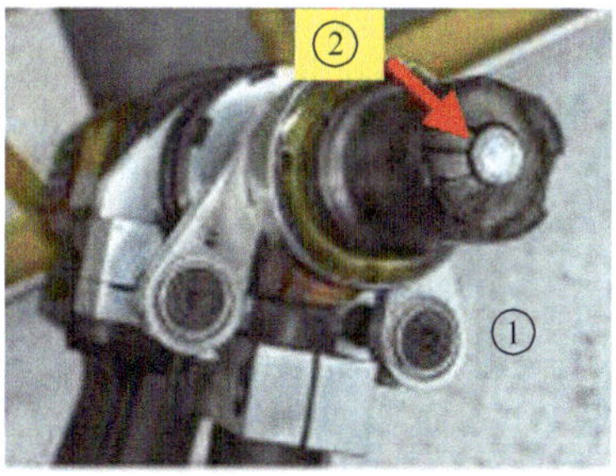
②	夹套	清洁，检查是否损坏	
③	调节螺钉	检查是否有松动	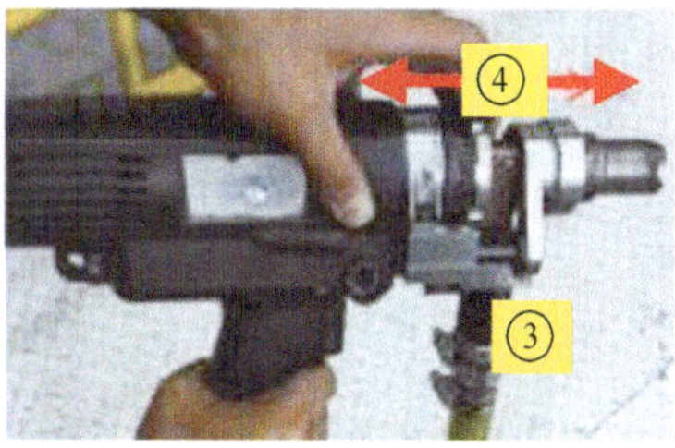
④	焊枪	检查焊枪运动是否顺畅	
⑤	送料管/管线包	检查是否有损坏或折弯	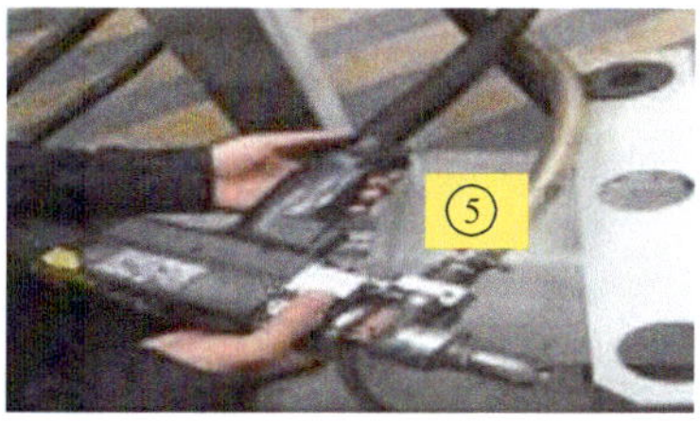
⑥	气压	检查控制柜和送料器的气压是否为 0.5~0.7MPa	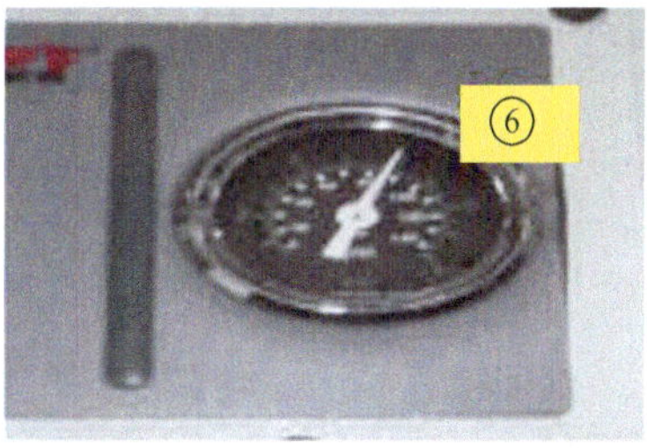
⑦	接地极	清洁，检查是否接触良好	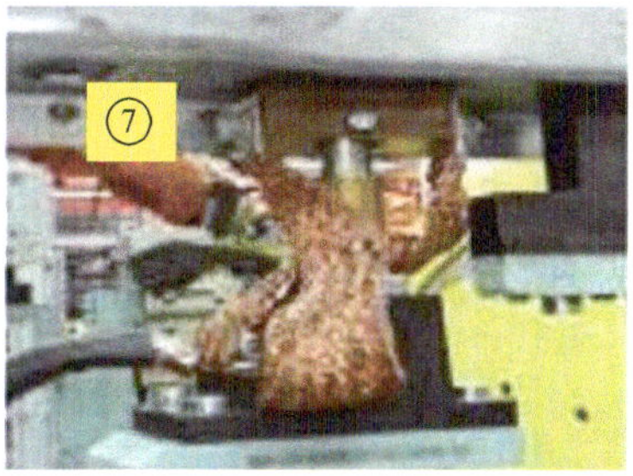

汽车焊接工艺

（续）

序号	部位	描述	图示
⑧	显示器	检查显示器是否显示正常	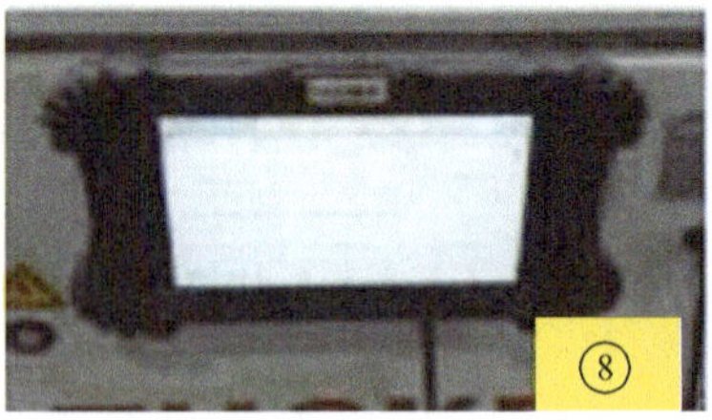 ⑧
⑨	其他	检查是否有其他异常情况	

4）快焊焊枪。快焊焊枪点检与维护主要内容见表4-4。

表4-4　快焊焊枪点检与维护主要内容

序号	部位	描述	图示
①	保护气气压	由生产确定标准范围	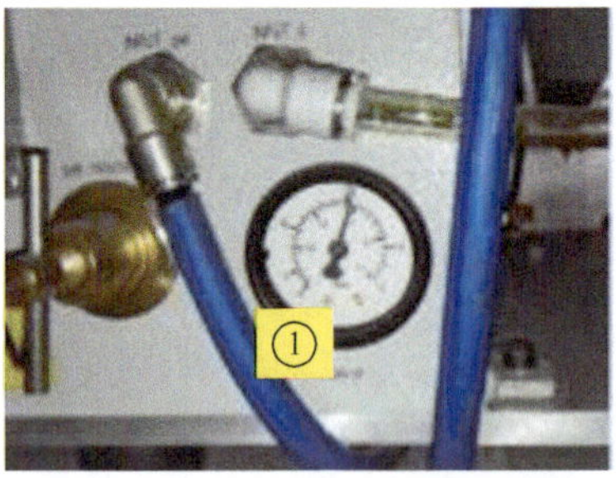 ①
②	导向筒或地线夹	清洁，检查导向筒或地线夹是否损坏	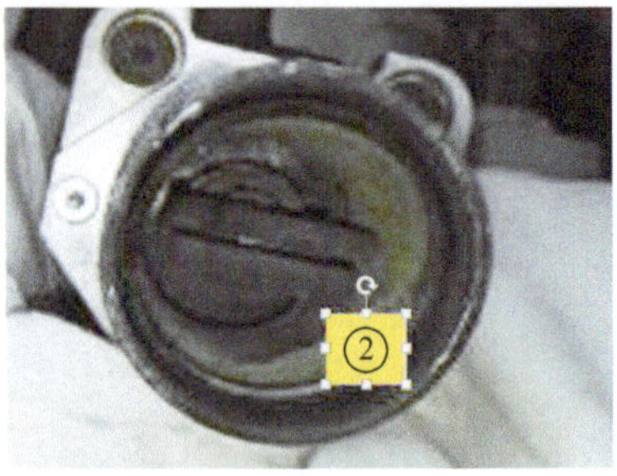 ②
③	接地极	清洁，检查是否接触良好	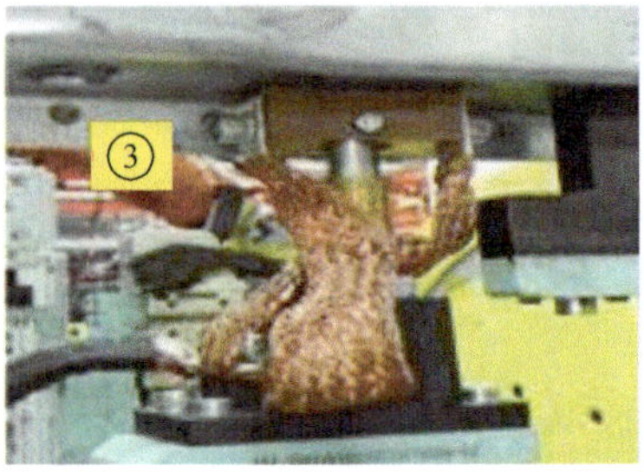 ③

（续）

序号	部位	描述	图示
④	显示器	检查显示器是否显示正常	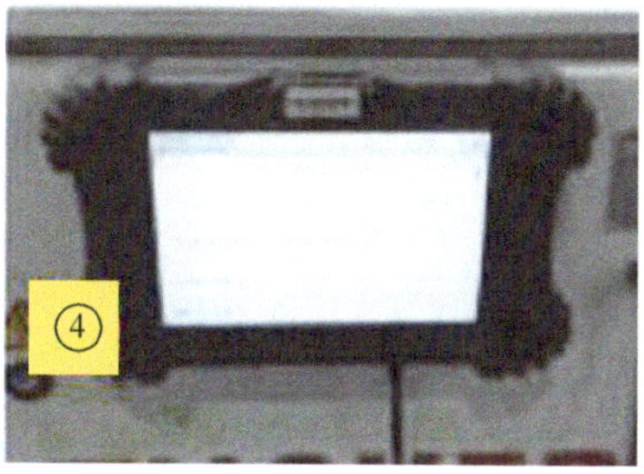
⑤	其他	检查是否有其他异常情况	

5）自动焊枪。自动焊枪点检与维护主要内容见表4-5。

表 4-5　自动焊枪点检与维护主要内容

序号	部位	描述	图示
①	枪身	清洁枪身，检查枪衣是否有损坏	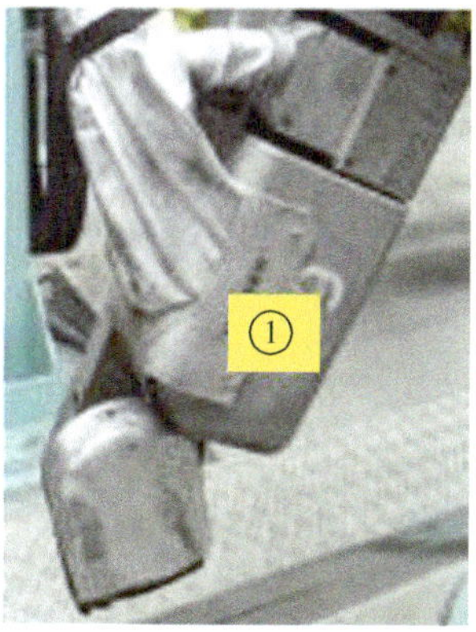
②	螺钉抓手/ 锁紧螺母/夹头	清洁，检查是否损坏并进行紧固	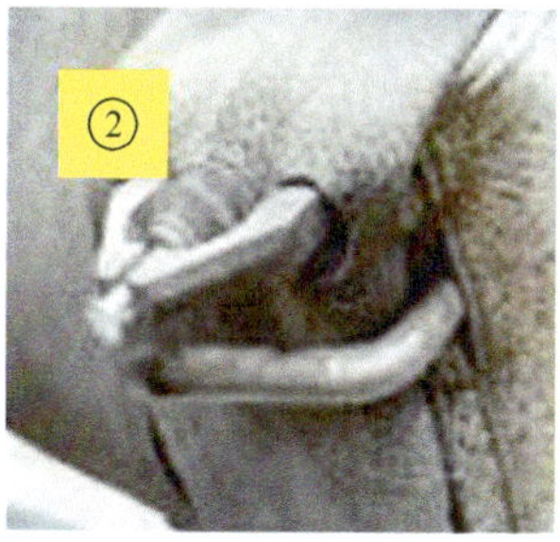
③	支撑杆	清洁，检查是否松动	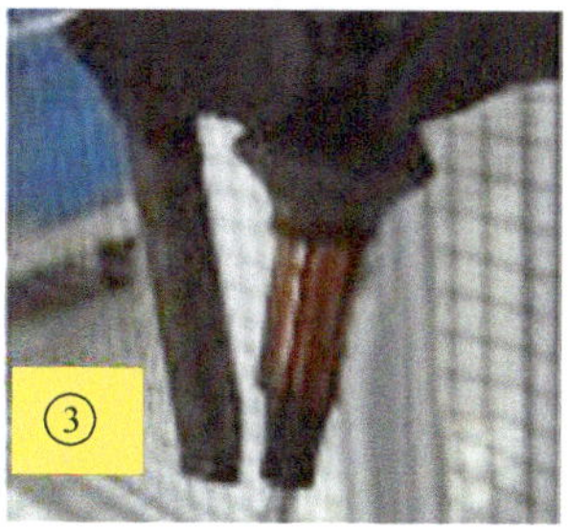

（续）

序号	部位	描述	图示
④	焊枪位置	检查焊枪前、后位置是否顺畅	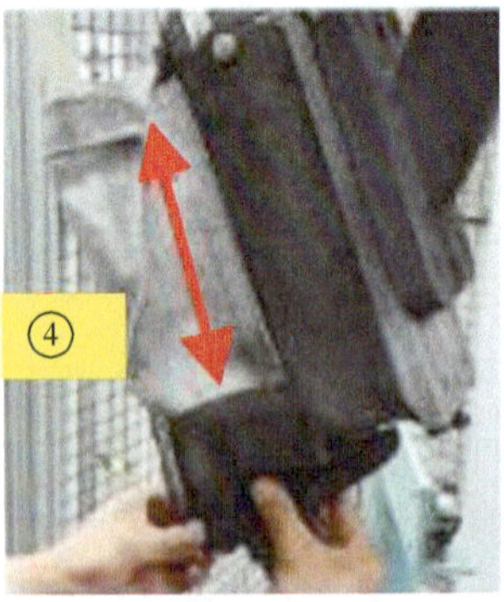
⑤	螺柱焊夹头	检查是否损坏，是否正确抓钉	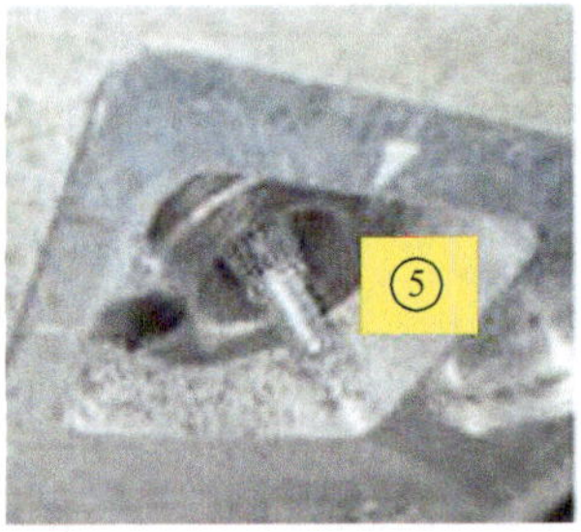
⑥	送料管/管线包	检查是否有损坏或折弯	
⑦	接地极	清洁，检查是否接触良好	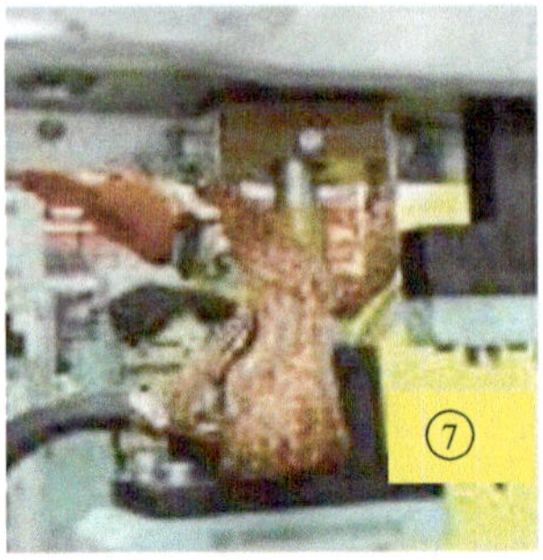

（续）

序号	部位	描述	图示
⑧	气压	检查控制柜和送料器的气压是否为0.5~0.7MPa	
⑨	显示器	检查显示器是否显示正常	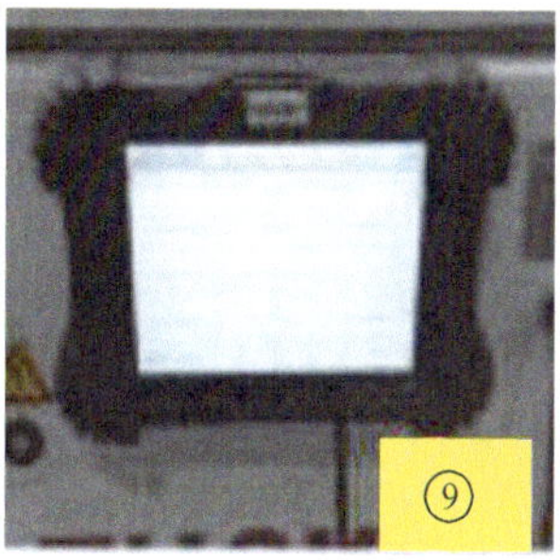
⑩	其他	检查是否有其他异常情况	

3. 焊枪定期维护

（1）短期维护（每日）

1）夹头：及时清渣，以免夹头焊损；夹头松弛及时更换，以免虚焊（另外手动焊枪顶杆易焊损）。

2）防溅罩或支撑杆：清渣。

（2）中期维护（每周或月）　枪头（防溅罩、夹头、接收块）：枪头频繁顶触工件和热胀冷缩后会松动，应定期严查，若有松动应紧固，以免焊接回路上形成间隙导致零件间误焊。

（3）长期维护（每季度或半年）　顶杆（半自动、自动）：打开接收块盖板，按送料器控制面板上"顶杆进退"键检查其移动速度。若速度偏慢则检查密封圈或添加润滑脂，以免卡钉甚至顶杆弯折。

4. 焊枪日常点检

1）夹头、防溅罩或支撑杆无焊渣。

2）用手推放枪头，提升下落应无干涉。

3）用手旋转枪头，零件应无松动。

4）支撑杆（自动）位置正确：位于夹头和螺柱之间，且确保螺柱伸出长度为2~3mm，如图4-16所示。

图 4-16　螺柱伸出长度

✖ 任务实施

工作任务 1　快速安装 RSR-2500 储能式接触螺柱焊机

◎【任务目标】

快速安装 RSR-2500 储能式接触螺柱焊机。

📋【工作准备】

1）设备、工具、器材（图 4-17）。

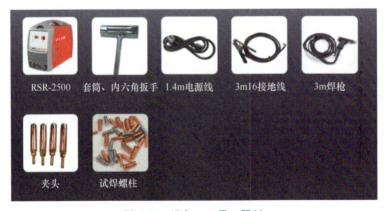

图 4-17　设备、工具、器材

设备：RSR-2500 储能式接触螺柱焊机。

工具：套筒、内六角扳手。

器材：1.4m 电源线，3m16 接地线，3m 焊枪，夹头，试焊螺柱（M4）。

2）场地设备室：焊接实训室。

3）防护用品：工作服、防护绝缘鞋、线手套、护目镜。

【实施步骤】

步骤	操作示意图	步骤说明
穿戴劳保用品		按要求穿戴劳保用品
连接接地线		将接地电缆接到机器的接地夹标识接口上，用内六角扳手拧紧螺钉
螺柱装入夹头	螺柱 1~2mm 夹头 固定螺母	将螺柱装入对应尺寸的夹头中，调整夹头尾部顶针至合适位置。顶针调整后，需能够把螺柱凸边离开夹头嘴 1～2mm。调整锁紧夹头尾部的固定螺母
安装定位针	定位针	将 3 根定位针装到螺柱焊枪上并拧紧，确保 3 根定位针在同一平面内

（续）

步骤	操作示意图	步骤说明
安装夹头	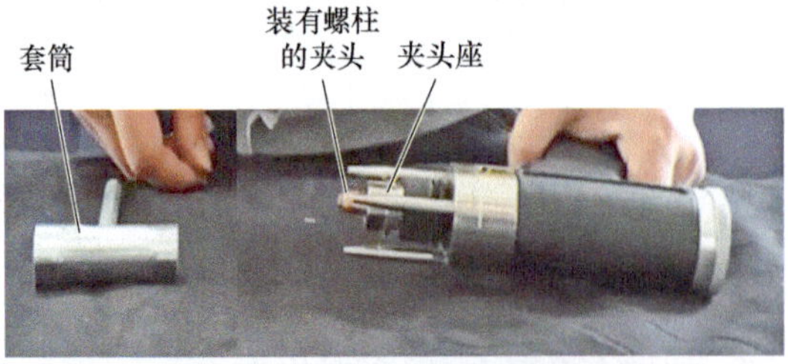 套筒　装有螺柱的夹头　夹头座	稍微松开螺柱焊枪上的夹头座，将带有螺柱的夹头装入夹头座，用套筒顺时针旋转拧紧，确保螺柱尖端高出定位针平面 2~3mm
旋转枪尾部压力调节器	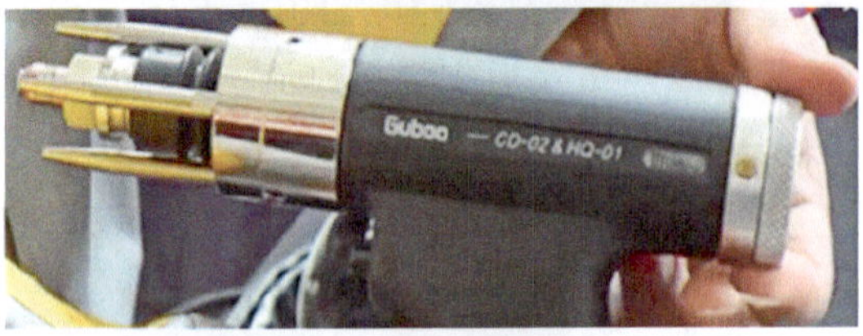 Gubao — CD-02 & HQ-01	旋转焊枪尾部压力调节器至所需压力，锁紧
将螺柱焊枪连接到机器上	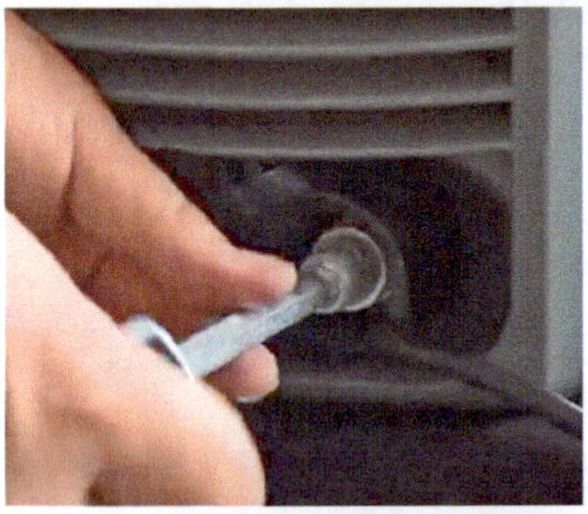 	将螺柱焊枪连接到机器的焊枪标识接口上，用内六角扳手拧紧螺栓。将焊枪两芯控制接头接到前板焊枪开关插座上
将电源线插到机器后板插座上		将电源线插到机器后板插座上

【任务评价】

快速安装 RSR-2500 储能式接触螺柱焊机考核评价表

姓名：　　　　　　学号：　　　　　　　　　　　　　　　　日期：　年　月　日

项目	评价标准	分值	得分
穿戴劳保用品	穿戴劳保用品符合要求	5	
	设备、配件、工具齐备	5	
快速安装螺柱焊机	连接接地电缆，用内六角扳手拧紧螺钉 接口正确，且拧紧	10	
	将螺柱装入夹头中，螺柱凸边离开夹头嘴 1~2mm。调整锁紧夹头尾部的固定螺母	10	
	将 3 根定位针装到螺柱焊枪上并拧紧，确保 3 根定位针在同一平面内	10	
	夹头装入夹头座，用套筒拧紧，确保螺柱尖端高出定位针平面 2~3mm	10	
	旋转焊枪尾部压力调节器至所需压力，锁紧	10	
	连接螺柱焊枪和焊枪两芯控制接头，拧紧	10	
	将气管的一端拧到送丝机尾部的气接口上，用呆扳手拧紧	10	
	将电源线插到机器后板插座上	10	
5S	现场执行 5S（整理、整顿、清扫、清洁、素养）	10	
教师签字		实操总成绩（总分100分）	

工作任务 2　螺柱焊焊接

【任务目标】

在厚度为 2mm 的 Q235 钢板上焊接一枚 M4 螺钉；正确安装、调试 CO_2 气体保护焊设备。

【工作准备】

1）设备、工具、器材（参见图 4-17）。

设备：RSR-2500 储能式接触螺柱焊机。

工具：套筒、内六角扳手。

器材：1.4m 电源线，3m16 接地线，3m 焊枪，夹头，试焊螺柱（M4）。

2）场地设备室：焊接实训室。

3）防护用品：工作服、防护绝缘鞋、线手套、护目镜。

【实施步骤】

步骤	操作示意图	步骤说明
穿戴劳保用品		按要求穿戴劳保用品
充电状态	 	接上电后，检查就绪。打开开关进入充电状态
调整电压至合适位置	准备灯　电压调节	根据螺柱直径调整电压至合适位置，"准备"灯亮后即可开始焊接
开始焊接	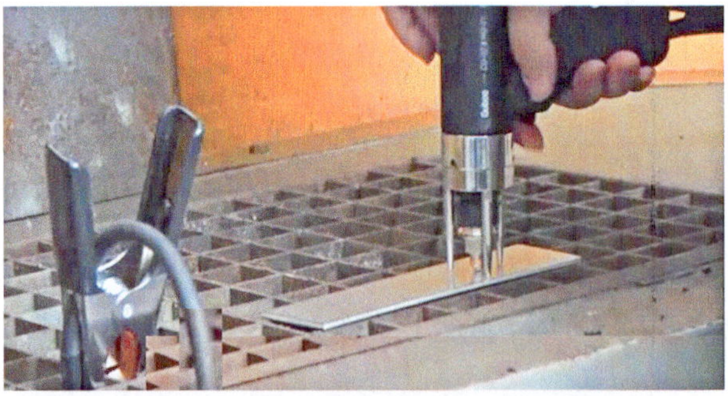 	接地夹夹在工件上，螺柱焊枪定位放在钢板上，使3根定位针均匀压实，轻轻扣动焊枪开关，焊接完成，然后垂直拔枪 焊接完成后的焊件见左图

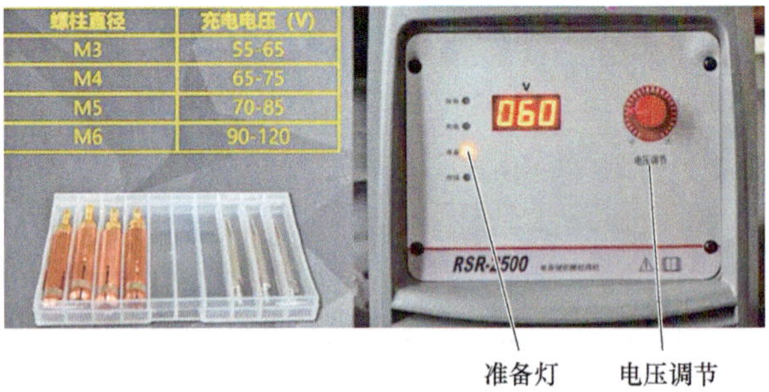

【任务评价】

螺柱焊焊接考核评价表

姓名：　　　　　　学号：　　　　　　　　　　　　　　　日期：　　年　月　日

项目	评价标准		分值	得分
穿戴劳保用品	穿戴劳保用品符合要求		5	
	设备、配件、工具齐备		5	
焊接	接上电后，检查就绪，打开开关进入充电状态		10	
	根据螺柱直径调整电压至合适位置		10	
	接上电后，检查就绪，打开开关进入充电状态		15	
	接地夹夹在工件上，螺柱焊枪定位放在钢板上，使3根定位针均匀压实，轻轻扣动焊枪开关，焊接完成，然后垂直拔枪	接地夹夹紧位置正确	15	
		3根定位针均匀压实	15	
		垂直拔枪	15	
5S	现场执行5S（整理、整顿、清扫、清洁、素养）		10	
教师签字		实操总成绩（总分100分）		

项目 5

激光焊焊接操作

【知识目标】

1. 掌握激光焊的工作原理、特点及应用，正确进行焊接工艺参数的选择。
2. 熟悉激光焊设备的组成、使用方法。
3. 掌握激光焊的操作要点。

【能力目标】

1. 能根据激光焊的使用要求，合理选择激光焊设备。
2. 能够正确安装、调试、使用激光焊设备。
3. 能够根据实际生产条件和具体的焊接结构及其技术要求，正确选择激光焊工艺参数、工艺措施。
4. 掌握激光焊的实际操作技能。

【素养目标】

培养严谨认真、精益求精的意识，争做大国工匠、高技能人才。

知识准备

在汽车工业中，激光焊接通常被应用于车身焊接的关键工位以及对工艺有特殊要求的部位，如用于车顶与侧围外板焊接，能解决焊接强度、效率、外观及密封性的问题；用于后盖焊接，可解决直角搭接问题；用于车门总成的激光拼焊，可有效提高焊接质量及效率。不同车身部位的焊接经常会用到不同的激光焊接方式，如激光钎焊，多用于顶盖及侧围的连接、行李舱盖等；激光自熔焊，属于深熔焊，主要用于顶盖及侧围、车门等；激光远程焊接，使用机器人加振镜，进行远程光束定位加焊接，其优势在于相对于传统激光加工定位，时间大大缩短、效率更高，有利于实现汽车制造高端化。

一、激光焊的定义及工作原理

1. 激光焊的定义

激光焊接是利用高能量的激光脉冲对材料进行微小区域内的局部加热，激光辐射的能量通过热传导向材料的内部扩散，将材料熔化后形成特定熔池。

激光焊是一种新型的焊接方式，主要针对薄壁材料、精密零件进行焊接，可实现点焊、对接焊、叠焊、密封焊等。激光焊深宽比大，焊缝宽度小，热影响区小、变形小，焊接速度快，焊缝平整、美观，焊后无须处理或只需简单处理，焊缝质量高，无气孔，可精确控制，聚焦光点小，定位精度高，易实现自动化。

与传统的焊接方法相比，激光焊具有能量密度大、穿透力强、精度高、适应性强等优点。

2. 激光焊的工作原理

激光焊实质上是激光与非透明物质相互作用的过程，这个过程极其复杂，微观上是一个量子过程，宏观上则表现为反射、吸收、加热、熔化、汽化等现象。材料的加热原理如图 5-1 所示。

图 5-1 材料的加热原理

金属内部电子间互相碰撞时，每个电子两次碰撞间的时间间隔为 10^{-13} s。当功率密度大于 10^6 W/cm² 时，被焊材料会急剧地蒸发。蒸发的蒸气压力和蒸气反作用力等作用能克服熔化金属表面张力以及液体金属静压力而形成"小孔"。形成的"小孔"类似于"黑洞"，它有助于对光束能量的吸收。激光焊过程如图 5-2 所示。

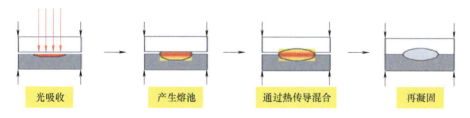

图 5-2 激光焊过程

激光焊过程中，工件和光束做相对运动，由于剧烈蒸发产生的表面张力使"小孔"前沿的熔化金属沿某一角度加速，在"小孔"后面的近表面处会形成熔流。此后，"小孔"后方液态金属由于散热的结果，温度迅速降低，液态金属很快凝固，形成连续的焊缝。焊缝的形成如图 5-3 所示。

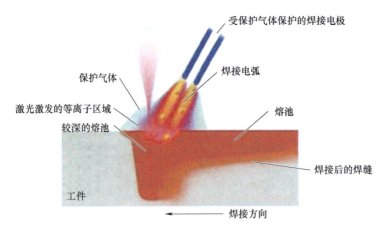

图 5-3　焊缝的形成

二、激光能源特性

1. 功率密度

激光作用于固态金属表面时，按功率密度不同可产生 3 种不同加热状态，如图 5-4 所示。

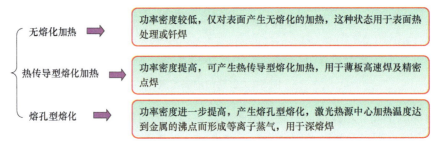

图 5-4　激光 3 种不同加热状态

调整功率密度的主要方法有：

1）调节输入激光器的能量。

2）调节光斑尺寸，即激光束与金属固体表面交叉面积的大小。

3）改变光模形式，即改变光斑中能量的分布。

4）改变脉冲宽度及前沿的梯度等。

2. 吸收率

激光焊接的热效应取决于工件吸收光束能量的程度，常用吸收率来表征。

影响金属吸收率的因素如图 5-5 所示。

3. 离焦量

离焦量是工件表面离激光焦点的距离。工件表面在焦点以内时为负离焦，与焦点的距离为负离焦量，反之为正离焦。离焦量不仅影响工件表面激光光斑的大小，而且影响光束的入射方向，因而对熔深和焊缝形状有较大的影响。

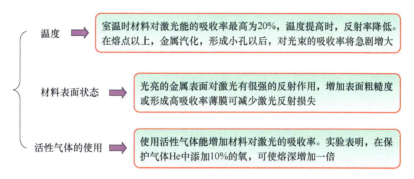

温度 ➡️ 室温时材料对激光能的吸收率最高为20%，温度提高时，反射率降低。在熔点以上，金属汽化，形成小孔以后，对光束的吸收率将急剧增大

材料表面状态 ➡️ 光亮的金属表面对激光有很强的反射作用，增加表面粗糙度或形成高吸收率薄膜可减少激光反射损失

活性气体的使用 ➡️ 使用活性气体能增加材料对激光的吸收率。实验表明，在保护气体He中添加10%的氧，可使熔深增加一倍

图 5-5　影响金属吸收率的因素

三、激光伤害

激光焊接时的光是非常强烈的，它能将一定波长的光辐射传输到眼底，使其在视网膜上造成损害，因此做好激光焊接机防护工作是防范安全生产风险的关键。一般在进行激光焊接的时候，专业的厂家人员会佩戴专门的眼镜，这样可以避免激光对眼睛的伤害。激光对眼睛的伤害如图 5-6 所示。

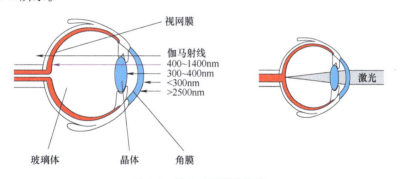

图 5-6　激光对眼睛的伤害

激光的安全标识如图 5-7 所示。

图 5-7　激光的安全标识

四、激光焊设备的组成

激光焊设备一般由激光焊主机、冷却系统、激光焊工作台和观察系统四大部分组成。

1. 激光焊主机

激光焊主机主要产生用来焊接的激光束，由电源、激光器、光路部分、控制系统等组成。

2. 冷却系统

冷却系统为激光器提供冷却功能，一般配水循环冷水机。

3. 激光焊工作台

激光焊工作台能使激光光束根据特定的要求按焊接轨迹移动，实现激光的自动焊接，一般有 3 种运动控制形式：工件运动、激光头固定；激光头运动、工件固定；激光头和工件都移动。

4. 观察系统

一般，激光焊设备需配备观察系统，它可以对工件进行实时显微观察，有利于在编制焊接程序时精确定位和在焊接过程中检验焊接效果。激光焊加工设备示意图如图 5-8 所示。激光焊在汽车上的应用如图 5-9 所示。

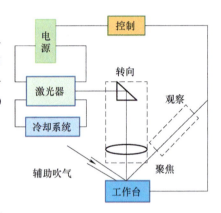

图 5-8 激光焊加工设备示意图

五、激光拼焊

为顺应车身制造"高端化、智能化、绿色化发展"的趋势，激光拼焊板在汽车制造工业中得到广泛应用。激光拼焊板是将不同厚度、材质及表面状态的钢板使用激光焊接设备焊接在一起，冲压制造成零件，以满足对材料性能及厚度的不同要求。激光拼焊板技术的应用、优势及制造工艺，实现了减小车身质量、增大车身刚度、减少车身零件装配数量、提高装配精度、降低汽车制造成本及绿色低碳的目的。

图 5-9 激光焊在汽车上的应用

由激光拼焊板生产的汽车车身零部件主要有前、后门内板，前、后纵梁，侧围，底板，车身两侧的 A、B、C 柱。其中，门内板应用此工艺最多，其次是纵梁。激光拼焊板在整车上的应用如图 5-10 所示。

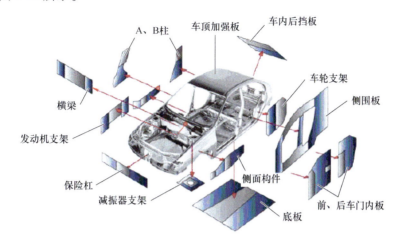

图 5-10　激光拼焊板在整车上的应用

不同的拼焊方式如图 5-11 所示。

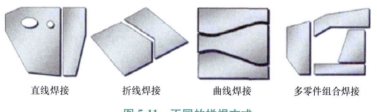

直线焊接　　折线焊接　　曲线焊接　　多零件组合焊接

图 5-11　不同的拼焊方式

拼焊工艺过程如图 5-12 所示。

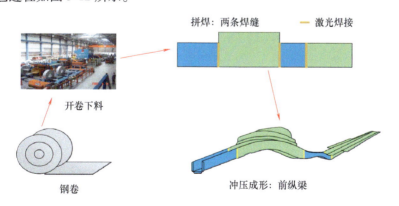

图 5-12　拼焊工艺过程（激光拼焊板"前纵梁"）

六、Robscan 三维激光扫描焊接

Robscan 三维激光扫描焊接（图 5-13）利用机械手多个自由度的灵活移动，可以将振镜

扫描头定位到任意一点和任意的角度，对大零件、复杂曲面零件进行快速的多点焊接，该技术也被称为"飞行加工"，是目前最为高效的焊接技术。与普通的激光焊接相比，Robscan焊接速度更快、更精确，机器人的运动轨迹更加简单、激光的可达性好、更加柔性化、维护成本更低。其配置原理图如图5-14所示。

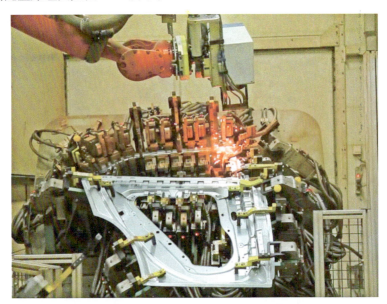

图 5-13　Robscan 三维激光扫描焊接

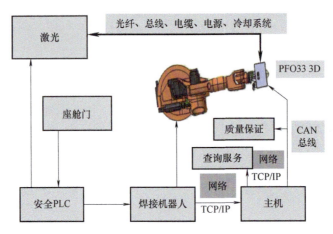

图 5-14　配置原理图

技术特征：

1）焊点总数：108 个。

2）焊接功率：9~11kW。

3）一次焊接速度：7m/min。

4）二次焊接速度（修复）：14m/min。

Robscan 在车门激光钎焊的应用如图 5-15 所示。Robscan 焊缝如图 5-16 所示。

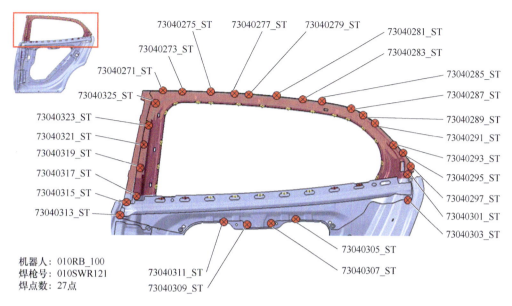

机器人：010RB_100
焊枪号：010SWR121
焊点数：27点

图 5-15　Robscan 在车门激光钎焊的应用

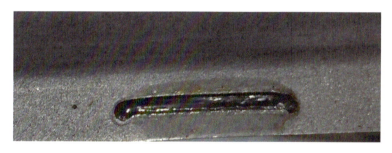

图 5-16　Robscan 焊缝

七、激光钎焊的特点和工作原理

激光钎焊是用较低的激光能量作为热源熔化钎料，被焊工件不熔化，从而实现钎焊过程的工艺。

激光钎焊的特点：

1）激光能量只用于熔化钎料（焊丝），被焊工件不熔化，接头美观，变形小。

2）熔化的钎料通过润湿母材向母材扩散从而实现连接。

3）钎料熔点低于 450℃ 时称为软钎焊，高于 450℃ 时称为硬钎焊。

激光钎焊的工作原理如图 5-17 所示。

激光钎焊所使用钎焊焊丝为标称 $CuSi_3$，各元素含量见表 5-1。

表 5-1　钎焊焊丝各元素含量

比例	Cu	Si	Sn	Zn	Mn	Fe
百分数（%）	>94.00	2.80~3.00	<0.20	<0.20	0.50~1.50	<0.30

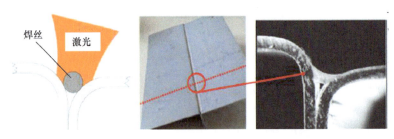

图 5-17　激光钎焊的工作原理

八、激光钎焊的参数

激光钎焊参数图如图 5-18 所示。

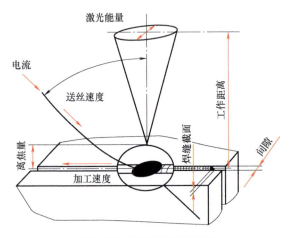

图 5-18　激光钎焊参数图

1. 离焦量

激光焊通常需要一定的离焦量来实施焊接，因为激光焦点处光斑中心的功率密度过大，容易蒸发成孔。离开激光焦点的各平面上，功率密度分布相对均匀。

在实际应用中，当要求熔深较大时，采用负离焦。焊接薄材料或钎焊时，宜采用正离焦。对焊缝的起点和终点，为获得较好的焊接外观，可以在起点处设置功率渐升，收尾时功率渐降；工业生产中也采用出光或收光延时来改善外观质量。

2. 功率密度

功率密度是激光焊最关键的参数之一，它表示光斑内单位面积内光能的分布。采用较高功率密度，在微秒级时间内，表层即可加热至沸点，产生大量汽化热。采用较低功率密度，表层温度达到沸点需要经历数毫秒，在表层汽化前，底层达到熔点，易形成良好的熔融焊接。

3. 材料的焊接冶金属性及光学属性

熔点、沸点、镀锌层是确认激光钎焊各种参数的基础，材料光吸收率代表填充剂和母材有效吸收光能的能力。

4. 送丝速度

在一定的光功率强度下，只有调试出适当的送丝速度才能保证焊丝的单位时间熔化量，形成完美的焊缝。送丝太快或太慢都会导致焊接缺陷。

5. 加工速度

加工速度即焊接速度、生产节拍，一般与工业化设计能力相关。

6. 加热电流

一般根据填充焊丝是否需要加热电流，可以把激光钎焊分为冷丝焊和热丝焊。在焊丝与部件的过渡处会产生一个接触电阻，通以电流，可起到加热焊丝和局部母材的作用，改善金属的光能吸收效率。

7. 外部因素

1）保护气体。

2）在实际激光焊接中，为了避免和减少影响焦点位置稳定性的因素，需要专门的夹紧技术和设备，这种设备的精确程度与激光焊接的质量高低是相辅相成的。

九、激光钎焊的应用

1. 某车型白车身顶盖与侧围的激光钎焊

某车型白车身顶盖与侧围的激光钎焊的焊丝为直径 1.6mm 的 $CuSi_3$（ERCuSi-A），熔点为 950℃，车身钢板熔点约为 1400℃，轿车车身顶盖与侧围的激光钎焊效果如图 5-19 所示。车身顶盖与侧围的钎焊与点焊对比如图 5-20 所示。

图 5-19　轿车车身顶盖与侧围的激光钎焊效果

相对于点焊加装饰条方式，激光钎焊具有以下优势：

1）密封性好。

2）车身强度高。

3）外观美观。

4）车身轻。

2. 加工步骤

车身顶盖与侧围的激光钎焊由两个工位组成。

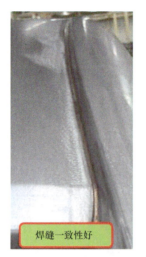

焊缝一致性好

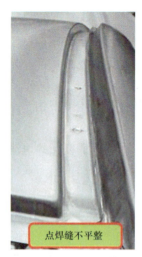

点焊缝不平整

图 5-20　车身顶盖与侧围的钎焊与点焊对比

（1）顶盖精确引导放置定位　从高精度料框抓取顶盖后放置于对中台预定位（图 5-21a）后，由高精度机器人精确抓取顶盖，至测量位完成测量（图 5-21b），根据测量系统反馈数据精确引导放置顶盖并保持固定状态，由两台点焊机器人完成固定点焊（图 5-21c）。

a)

b)

c)

图 5-21　顶盖精确引导放置定位、固定点焊

（2）精确固定顶盖完成焊接　由高精度机器人抓取顶盖，辅助定位抓手对顶盖进行再定位（图 5-22a），定位后顶盖与侧围搭接间隙满足激光钎焊要求，并能有效防止可能出现的焊接热变形（图 5-22b），再由两台激光焊机器人完成两侧焊缝的焊接（图 5-22c）。

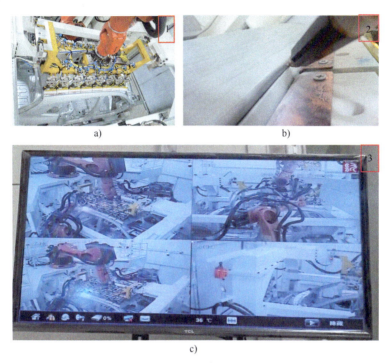

图 5-22　精确固定顶盖完成焊接

3. 工艺要求

1）使用的板件材料和容许的缝隙根据设计要求选用。

2）填丝。填丝是 $CuSi_3$，熔化温度为 1035℃，直径为 1.6mm，Si 的含量不超过 3%。$CuSi_3$ 各元素含量见表 5-2。

表 5-2　$CuSi_3$ 各元素含量

比例	Cu	Si	Sn	Zn	Mn	Fe
百分数（%）	>94.00	2.80~3.00	<0.20	<0.20	0.50~1.50	<0.30

3）车身与顶盖匹配精确定位，必须保证重复定位精度，焊缝空间位置无变化。

4）顶盖和侧围的上部分之间的距离允许的公差为 -0.5~1。

4. 焊缝的处理

激光焊焊接后，必须经过焊缝打磨工序，以消除表面氧化层。合格的激光焊缝如图 5-23 所示。焊缝打磨后的效果如图 5-24 所示。

5. 硬件构成

激光钎焊设备如图 5-25 所示。

图 5-23　合格的激光焊缝

图 5-24　焊缝打磨后的效果

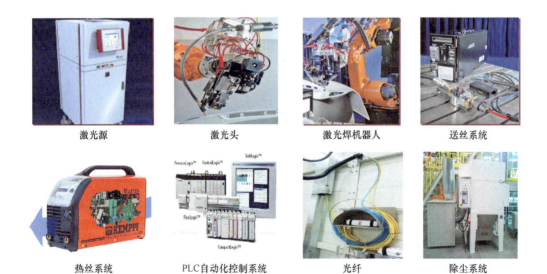

| 激光源 | 激光头 | 激光焊机器人 | 送丝系统 |

| 热丝系统 | PLC自动化控制系统 | 光纤 | 除尘系统 |

图 5-25　激光钎焊设备

　　整套系统由 PLC 控制，激光源和光纤组成焊接能量传输系统，送丝系统和热丝系统组成焊丝传输加热系统，激光头将激光能量聚焦到被加热的焊丝上，通过机器人的精准动作对目标焊缝进行焊接。焊接过程中产生的烟尘由除尘系统负责清理。系统构成如图 5-26 所示。

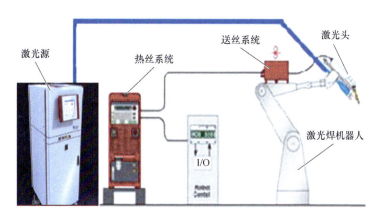

图 5-26　系统构成

⚒ 任务实施

工作任务 1　手持激光焊焊接操作

◎ 【任务目标】

使用手持激光焊接机完成两片厚度为 1mm 的 Q235 焊片（300mm×50mm）垂直角焊缝的焊接，如图 5-27 所示。

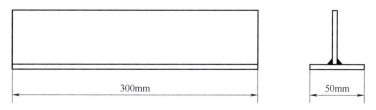

图 5-27　角焊缝工艺图

焊接技术要求：要求不发生开裂，焊缝饱满、均匀，焊边无不良缺陷，焊缝表面要平整，不允许有明显的扭曲变形现象。

考核要点：安全防护、设备调整、焊接缺陷、焊接质量、5S 管理。

【工作准备】

1）工具、设备、器材。

设备：手持激光焊接机（图 5-28）、送丝机、氮气瓶。

材料：实芯焊丝 H08Mn2SiA（φ1mm）、钢直尺、打磨砂纸、锤子、导电嘴、喷嘴。

2）场地设备室：焊接实训室。

3）防护用品：工作服、防护绝缘鞋、焊接手套、头戴式焊接防护面罩、焊接皮围裙、焊接护腿、焊接护臂。

手持激光焊接机

送丝机

图 5-28　手持激光焊接机

【实施步骤】

步骤		操作示意图	步骤说明
第一部分：准备	穿戴劳保用品	激光护目镜 防护口罩 工作服 手套	正确穿戴劳保用品，做好防护措施，保证安全
	启动前检查设备，防范安全生产风险	<table><tr><th>项目</th><th>检查内容及要求</th></tr><tr><td rowspan="3">外观</td><td>激光器、水冷机外壳应干净</td></tr><tr><td>工作台面无油污、无与工作无关的杂物</td></tr><tr><td>辅助工具等应完好、干净</td></tr><tr><td rowspan="2">冷却系统</td><td>冷却用水和激光器里的水位保持在 MIN～MAX 水位之间</td></tr><tr><td>冷却水管各连接处无渗漏</td></tr><tr><td>气瓶</td><td>气瓶开启，减压阀上压力值为0.2MPa</td></tr></table>	1）冷却水使用去离子水或蒸馏水并保持清洁 2）环境温度低于0℃或长时间不使用时，应将冷却水排净

（续）

步骤		操作示意图	步骤说明
第二部分：启动设备	开启总电源		
	开启冷水机电源		
	开启激光器电源		开启激光器电源，钥匙转到 REMOTE 位置
	启动设备	急停 启动　复位 红灯变黄灯	松开控制面板"急停按钮"，长按"启动"直至激光器上红灯变为黄灯，关闭机身门

（续）

步骤		操作示意图	步骤说明
第二部分：启动设备	设定参数	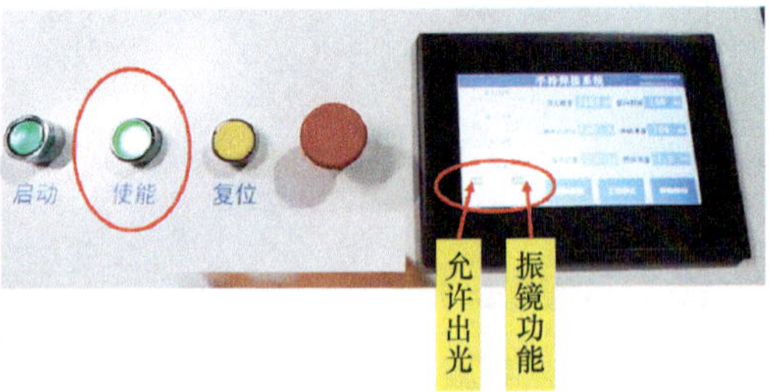	启动"振镜功能"，启用"允许出光"，开启"使能"，设定参数
	形成安全回路	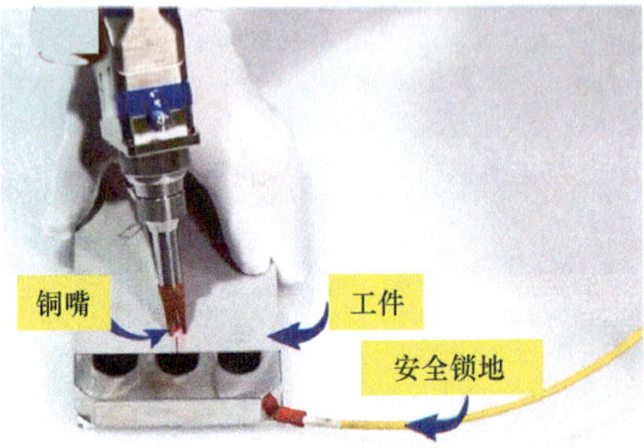	"铜嘴、工件、安全锁地"三者形成安全回路。解除安全锁，满足出光条件
第三部分：焊接	点焊	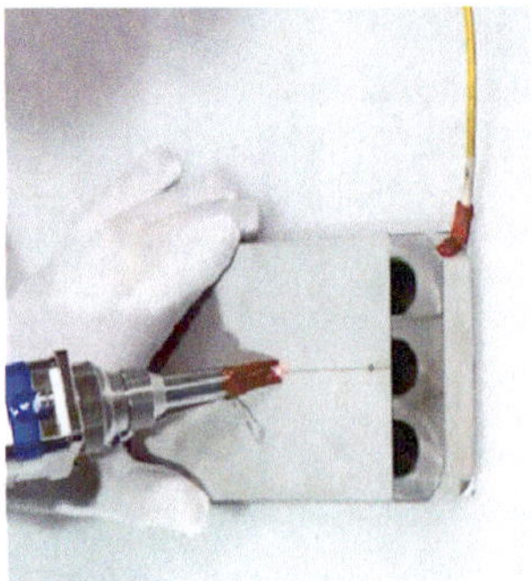	手持焊枪与工件保持适当夹角，两片试片固定点焊
	对接焊	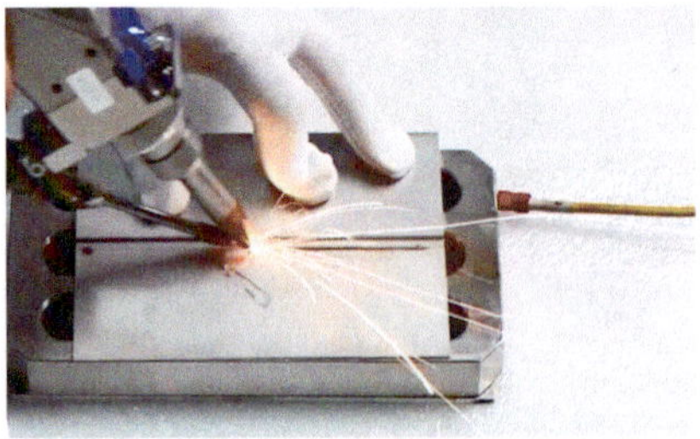 注意：激光焊接机在加工过程中若出现以下情况之一，应立即停机： 1）加工情况异常 2）设备本身出现异常声响、异味等 采用以下方法紧急停机：迅速按下工作台控制面板上的红色急停开关	匀速完成对接焊

（续）

步骤		操作示意图	步骤说明
第三部分：焊接	焊接完成		焊缝饱满、均匀，无不良缺陷，不允许有明显的扭曲变形现象
	关闭焊机	现场执行 5S	

【任务评价】

手持激光焊接操作考核评价表

姓名：　　　　　　学号：　　　　　　　　　　　　　　　　日期：　年　月　日

项目	评价标准	分值	得分
穿戴劳保用品	正确戴防护眼镜。未戴防护眼镜扣 4 分	4	
	工作服穿戴整齐。未穿戴工作服扣 4 分	4	
	正确戴好焊接手套。未正确戴焊接手套扣 2 分	2	
启动前检查设备，防范安全生产风险	检查激光器、水冷机外壳、工作台面、辅助工具外观，应符合要求。未检查，每项扣 2 分	4	
	检查冷却用水和激光器里的水位、冷却水管各连接处有无渗漏。未检查每项扣 2 分	4	
	检查减压阀上压力值。未检查扣 2 分	2	
启动设备	按顺序启动设备，并关闭机身门。未成功开启，扣 5 分；未关闭机身门，扣 2 分	5	
设定参数	正确设定参数。未打开设定参数界面，扣 10 分；未正确设定参数，扣 5 分	10	
焊接	手持焊枪与工件保持适当夹角，两片试片固定点焊，然后匀速完成对接焊。焊枪与工件夹角不合适，扣 5 分；未固定焊，扣 5 分	10	
关闭焊机	未关闭焊机扣 5 分	5	
焊缝检查	焊缝应没有开裂。有开裂，每处扣 5 分	20	
	焊缝饱满、均匀，无不良缺陷。有不良缺陷，每处扣 5 分	10	
	焊缝表面平整，不允许有明显的扭曲变形现象。有扭曲、变形，每处扣 5 分	10	
5S	现场执行 5S（整理、整顿、清扫、清洁、素养）	10	
教师签字	实操总成绩（总分 100 分）		

工作任务 2　激光钎焊激光头检查与调整

【任务目标】

完成激光钎焊激光头的检查与调整。

【工作准备】

1）设备：激光钎焊焊接机 1 台。
2）工具：镜片清洁布、尺子、平口钳。
3）场地：焊接实训室。

【实施步骤】

步骤	操作示意图	步骤说明
第一部分：检查保护镜片	转动旋钮	
	抽出保护玻璃片	
	取下保护玻璃	

（续）

步骤		操作示意图	步骤说明
第一部分：检查保护镜片	轻轻擦拭		
第二部分：检查导丝嘴	检查导丝嘴		若发现导丝嘴破损，应及时更换
第三部分：检查、更换送丝蓝管	拧开旋钮		
	剪断焊丝		

（续）

步骤		操作示意图	步骤说明
第三部分：检查、更换送丝蓝管	制作新蓝管		制作新蓝管，长度为103cm
	拧入导丝头		两头削尖后拧入导丝头
	手动送丝		手动送丝后丝嘴处预留7mm，多余部分剪掉
	整理现场	现场执行5S	

【任务评价】

激光钎焊激光头检查与调整考核评价表

姓名：　　　　　　学号：　　　　　　　　　　　　　　　　　日期：　年　月　日

项目	评价标准	分值	得分
启动前检查设备	转动旋钮	5	
	抽出保护玻璃片	5	
	取下保护玻璃	5	
	轻轻擦拭	10	
	严谨认真、精益求精	5	

（续）

项目	评价标准	分值	得分
检查导丝嘴	检查导丝嘴是否破损，若破损应及时更换	20	
检查更换送丝蓝管	拧开旋钮	8	
	剪断焊丝	8	
	制作新蓝管，长度为 103cm	8	
	两头削尖后拧入导丝头	8	
	手动送丝后丝嘴处预留 7mm，多余剪掉	8	
5S	现场执行 5S（整理、整顿、清扫、清洁、素养）	10	
教师签字		实操总成绩（总分 100 分）	

项目 **6**

焊接质量控制

🌐 知识准备

随着科技的不断发展，焊接技术、设备不断地更新，汽车焊接技术水平对整车的安全性、稳定性都有着极大的影响。因此，需要及时发现影响焊接质量的可能性因素并给予解决，以提升汽车焊接质量，提升汽车品质。

一、焊接接头的基本知识

1. 概念

在焊件需要连接的部位，用焊接方法制造而成的接头称为焊接接头，如图 6-1 所示。焊接接头包括焊缝、热影响区和熔合区三部分。

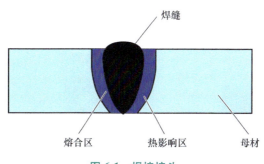

图 6-1　焊接接头

1）焊缝是焊件经焊接后形成的结合部分（金属熔池冷却凝固而获得）。

2）热影响区是焊接过程中材料因受热的影响（但未熔化）而发生组织转变和力学性能变化的区域。

3）熔合区是焊缝向热影响区过渡的区域。

2. 焊接接头的基本形式

焊接接头的基本形式有：对接接头、搭接接头、T 形接头、角接接头，如图 6-2 所示。

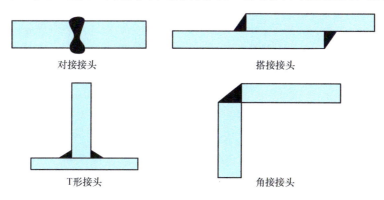

图 6-2　焊接接头的基本形式

（1）对接接头　两焊件表面构成大于或等于 135°、小于或等于 180°的夹角，即两板相对端面焊接而形成的接头，称为对接接头。

优点：传力效率高、应力集中低，具有很好的综合性能。

缺点：焊前准备工作量大，组装费工时，焊接变形较大。

（2）搭接接头　两板件部分重叠起来进行焊接所形成的接头称为搭接接头。

优点：焊前准备工作量少，对焊工技术水平要求较低，焊接的横向收缩量较小。

缺点：构件形状变化大，应力分布不均匀，应力集中复杂，材料消耗量大，接头动载强度低。

应用：用于工作环境良好，受力较少的不重要结构。

种类：角焊缝、开槽焊、塞焊。开槽焊、塞焊搭接接头如图 6-3 所示。

（3）T 形（十字）接头　将相互垂直的被连接件用角焊缝连接起来的接头称为 T 形（十字）接头，如图 6-4 所示。

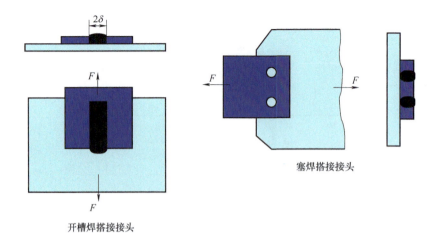

开槽焊搭接接头

塞焊搭接接头

图 6-3　开槽焊、塞焊搭接接头

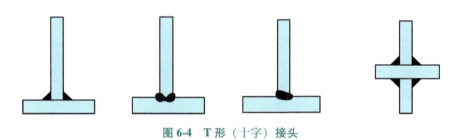

图 6-4　T 形（十字）接头

优点：能承受各种方向的力和力矩。

缺点：接头的根部有很深的缺口，承载能力低。

（4）角接接头　两板件端面构成 30°～135° 夹角的焊接接头称为角接接头，如图 6-5 所示。

特点：独立使用时承载能力很低，一般用来组成箱体结构或容器结构之后起作用。

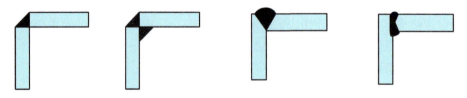

图 6-5　角接接头

二、焊接检验的分类

1. 非破坏性检验

非破坏性检验是在不损害或不影响被检对象使用性能的前提下，检验被检对象中是否存在缺陷或不均匀性，给出缺陷的大小、位置、性质和数量等信息，进而判定被检对象所处技术状态（如合格与否、剩余寿命等）的所有技术手段的总称。非破坏性检验如图 6-6 所示。

图 6-6　非破坏性检验

焊缝外观检验方法：外观检查主要是发现焊缝表面的缺陷、尺寸上的偏差以及焊后的清理情况。外观检验方法分为直接目视检验和间接目视检验两种。

可观察到的焊件表面的缺陷主要是裂纹、夹渣、焊瘤、烧穿、气孔、咬边。

2. 破坏性检验

破坏性检验是指从焊件或试件上切取试样，或将产品（或模拟体）的整体破坏做检验，以检验其各种力学性能、化学成分和金相组织等的检验方法。破坏性检验如图 6-7 所示。

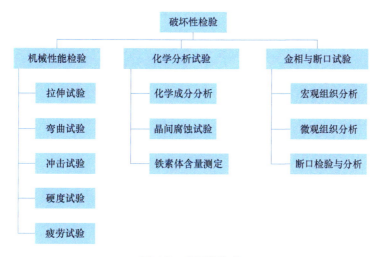

图 6-7　破坏性检验

破坏性检验项目包括：

1）拉伸试验，测定焊接接头强度。

2）疲劳试验，测定焊接接头在交变载荷作用下的强度，即疲劳强度。

3）硬度试验，测量焊缝和热影响区金属材料的硬度，可间接判断材料的焊接性能。

4）冲击试验，测定接头焊缝、熔合线和热影响区的冲击吸收能量。

5）金相与断口试验（金相检验），检查焊缝、热影响区、焊件的金相组织情况及确定内部缺陷。

三、焊接缺陷

1. 焊接缺陷的概念

对于焊接检验来说，焊接缺陷特指焊接过程中在焊接接头中产生的不符合设计或标准要求的缺陷。

2. 焊接缺陷的分类

焊接缺陷根据位置分类，分为外部缺陷和内部缺陷。

1）外部缺陷。外部缺陷是指位于焊缝金属外表面的缺陷，例如焊缝外形尺寸不符合要求、咬边、焊瘤、弧坑、表面气孔、表面裂纹及表面夹渣等。

2）内部缺陷。内部缺陷是指位于焊缝金属内部的焊接缺陷，例如焊缝内部的夹渣、夹杂物、未焊透、未熔合、气孔、焊接裂纹等。

3. 常见焊接缺陷及其特征

（1）焊接裂纹　焊接裂纹是在焊接应力及其他致脆因素共同作用下，材料的原子结合遭到破坏，形成新界面而产生的缝隙。它具有尖锐的缺口和长宽比大的特征。

焊接裂纹是焊接生产中比较常见而且最危险的一种焊接缺陷。

根据裂纹产生的条件，焊接裂纹可以分为热裂纹、冷裂纹、再热裂纹和层状撕裂。

（2）气孔　焊接时，熔池中的气体在金属凝固以前未能来得及逸出，在焊缝金属中残留下来所形成的孔穴，称为气孔，如图 6-8 所示。

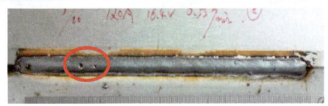

图 6-8　气孔

常见的 3 种焊缝气孔：

1）氢气孔：高温时，大溶解度使大量的氢溶入焊缝熔池中，焊缝熔池在热源离开后快速冷却，氢的溶解度急速下降，析出氢气，产生氢气孔。

2）一氧化碳气孔：当熔池氧化严重时，熔池存在较多的 FeO，在熔池温度下降时，发生化学反应生成 CO，若 CO 来不及逸出，便会产生 CO 气孔。

3）氮气孔：熔池保护不好时，空气中的氮溶入熔池会产生氮气孔。

焊接区中的绝大部分氮来自空气。铝及铝合金焊接时产生的气孔主要是氢气孔。因为氮不溶于铝中，铝及铝合金中不含有碳，因此不具有产生氮气孔和一氧化碳气孔的条件。

气孔产生的一般原因和预防措施：

1）工作表面锈皮未清除干净会引起气孔。因此，要求在焊接前清除焊接部位的油污、铁锈等脏物。

2）焊条和焊剂一定要严格按照规定的温度进行烘焙和保温。

3）要求采取适宜的焊接规范，不要采用过大的焊接电流。

4）注意控制母材及焊材的化学成分。

5）焊接速度过快、焊接时操作不当、电弧拉得过长，会使较多气体溶入金属溶液内。

（3）夹渣　焊后残留在焊缝中的熔渣称为夹渣。其形状较复杂，一般呈长条状、颗粒状及其他形状。在中级工考试中，表面夹渣的合格标准为深度≤0.1δ（δ为板厚），长度≤0.3δ，总数不超过3个。

夹渣会引起应力集中，因此焊接结构不允许有夹渣存在。夹渣如图6-9所示。

（4）未熔合和未焊透

1）未熔合。在焊缝金属和母材之间或焊道金属与焊道金属之间，未完全熔化结合

图 6-9　夹渣

的部分称为未熔合。未熔合常出现在坡口的侧壁、多层焊的层间及焊缝的根部。

焊接检验中未熔合是不允许存在的。未熔合如图6-10所示。

2）未焊透。焊接时接头的根部未完全熔透的现象称为未焊透。未焊透常出现在单面焊的坡口根部及双面焊的坡口钝边。重要的焊接接头不允许有未焊透。

未焊透是一种比较严重的缺陷，它会降低焊缝的强度，引起应力集中。未焊透如图6-11所示。

图 6-10　未熔合

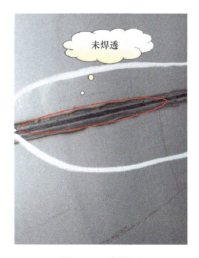

图 6-11　未焊透

（5）常见的形状和尺寸不良

1）咬边。由于焊接参数选择不当或操作工艺不正确，造成沿焊根处出现的低于母材表

面的凹陷或沟槽称为咬边。咬边如图 6-12 所示。

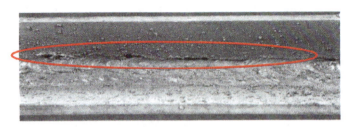

图 6-12　咬边

2）焊瘤。焊接过程中，在焊缝根部背面或焊缝表面，出现熔化金属流淌到焊缝之外未熔化的母材上所形成的金属瘤称为焊瘤。

焊瘤不属于焊缝内部缺陷。焊瘤如图 6-13 所示。

图 6-13　焊瘤

3）烧穿。焊接过程中，熔池塌落导致熔化金属自坡口背面流出，形成焊缝穿孔现象称为烧穿。烧穿如图 6-14 所示。

图 6-14　烧穿

4）凹陷（未焊满）。因为焊接填充金属堆敷不充分，造成在焊缝表面形成纵向连续或间断的沟槽的现象称为凹陷。凹陷如图 6-15 所示。

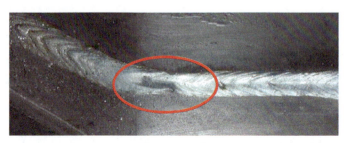

图 6-15　凹陷

5）焊缝尺寸、形状不符合要求。焊缝尺寸不符合要求是指实际焊缝尺寸与预先设计规定的尺寸产生偏差的现象，如图 6-16 所示。

图 6-16　焊缝尺寸、形状不符合要求

6）飞溅。飞溅是指焊接过程中，熔化的金属颗粒和熔渣向周围飞散的现象，如图 6-17 所示。

图 6-17　飞溅

四、焊接质量因果图

焊接质量因果图如图 6-18 所示。

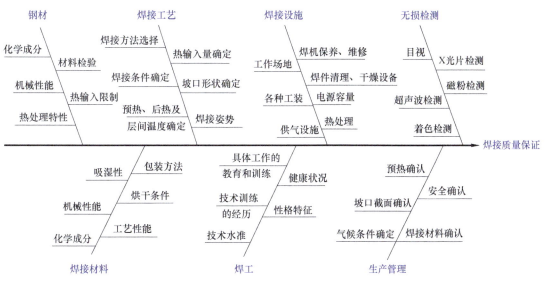

图 6-18　焊接质量因果图

五、CO_2 气体保护焊焊接质量控制

CO_2 气体保护焊焊接缺陷原因及改进措施见表 6-1。

表 6-1　CO_2 气体保护焊焊接缺陷原因及改进措施

缺陷	图示	原因分析	改进措施
焊缝金属裂纹	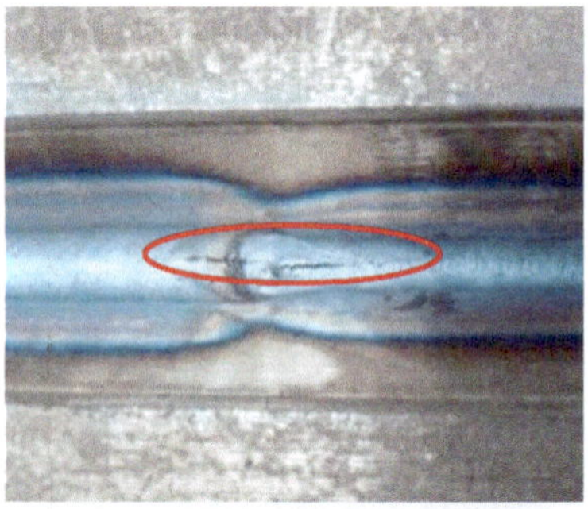	焊缝深宽比太大，焊道太窄（特别是角焊缝和底层焊道）	增大电弧电压或减小焊接电流，以加宽焊道而减小熔深。减慢行走速度，以加大焊道的横截面积
		焊丝或工件表面不清洁（有油脂、锈、油漆等）	焊前仔细清理
		焊缝中 C、S 含量高而 Mn 含量低	检查工件和焊丝的化学成分，更换合格材料
夹渣	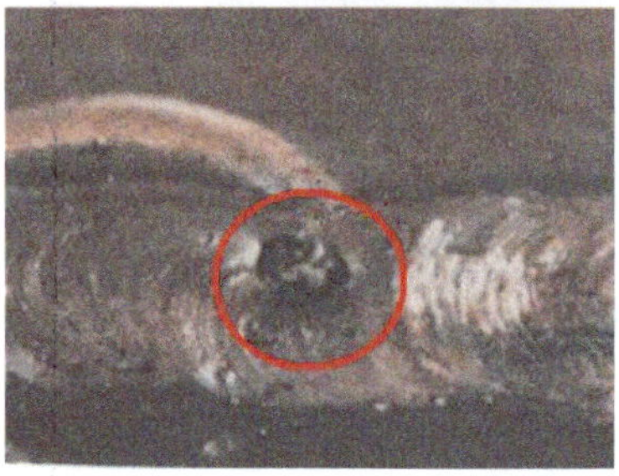	采用多道焊短路电弧（熔焊渣型夹杂物）	在焊接后续焊道之前，清除掉焊缝边上的渣壳
		行走速度太快（氧化膜型夹杂物）	降低行走速度，采用含脱氧剂较高的焊丝，提高电弧电压
气孔	 	保护气体覆盖不足，有风	增加保护气体流量，排出焊缝区的全部空气。减小保护气体的流量，以防止卷入空气。清除气体喷嘴内的飞溅物。避免周边环境的空气流过大，破坏气体保护。降低焊接速度。减小喷嘴到工件的距离。焊接结束时，在熔池凝固之后移开焊枪喷嘴
		焊丝被污染	采用清洁而干燥的焊丝。清除焊丝在送丝装置中或导丝管中黏附上的润滑剂
		工件被污染	在焊接之前，清除工件表面上的全部油脂、锈、油漆和尘土。采用含脱氧剂的焊丝
		电弧电压太高	减小电弧电压
		喷嘴与工件距离太大	减小焊丝的伸出长度
		气体纯度不够	更换气体或采用脱水措施
		喷嘴被焊接飞溅物堵塞	仔细清除附着在喷嘴内壁的飞溅物
		输气管路堵塞	检查气路有无堵塞和弯折

（续）

缺陷	图示	原因分析	改进措施
咬边		焊接速度太快	降低焊接速度
		电弧电压太高	减小电压
		电流过大	降低送丝速度
		停留时间不足	增加在熔池边缘的停留时间
		焊枪角度不正确	改变焊枪角度，使电弧力推动金属流动
未熔合	 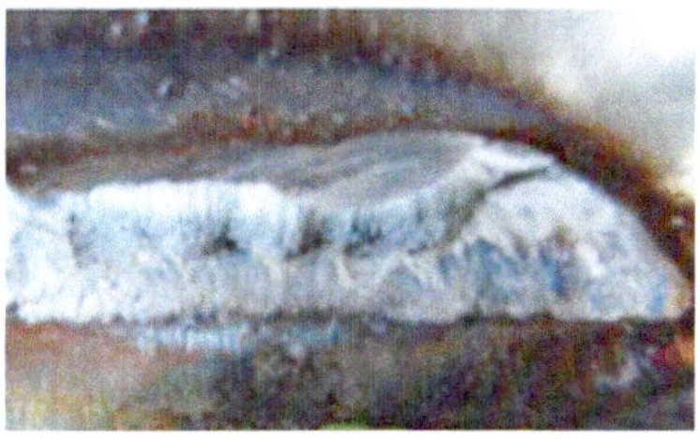	焊缝区表面有氧化膜或锈皮	在焊接之前，清理全部坡口面和焊缝区表面上的轧制氧化皮或杂质
		热量输入不足	提高送丝速度、增大电弧电压，降低焊接速度
		焊接熔池太大	减小电弧摆动以减小焊接熔池
		焊接技术不合适	采用摆动技术时，在靠近坡口面的熔池边缘停留。焊丝应指向熔池的前沿
		接头设计不合理	坡口角度应足够大，以便减少焊丝伸出长度（增大电流），使电弧直接加热熔池底部。坡口设计为 J 形或 U 形
飞溅	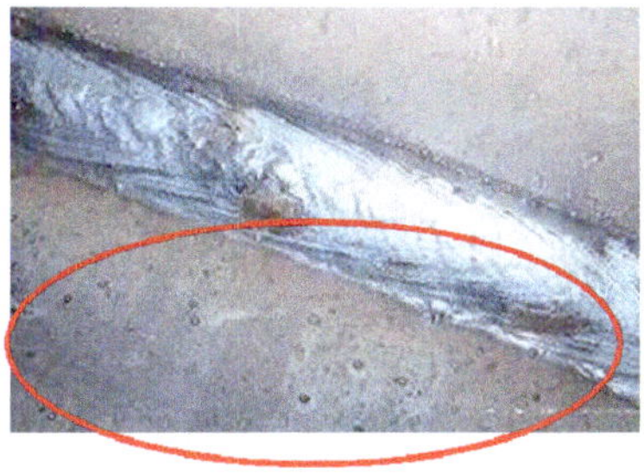	焊接规范设置不当	根据焊接条件正确设定焊接电流和焊接电压
		焊丝化学成分及机械性能不合格	更换焊丝
		焊件及焊丝污物过多	及时清除污物或更换焊件及焊丝
		导电嘴磨损、送丝轮规格不对、焊丝直径选用过粗	更换导电嘴、送丝轮、焊丝
		焊接回路接触不良	各连接处应连接牢固
		焊枪操作不当	保持正确的速度和角度

（续）

缺陷	图示	原因分析	改进措施
烧穿		焊接参数选择不当，如电流过大或速度太慢；操作不当	选择合适的焊接参数，尽量采用短弧焊接，提高操作技能，操作时焊丝可做适当的直线往复运动，保证焊件装配质量
		根部间隙太大	减小根部间隙

六、MIG 焊焊接质量控制

MIG 焊焊接缺陷原因及改进措施见表 6-2。

表 6-2 MIG 焊焊接缺陷原因及改进措施

缺陷种类	图示	原因分析	改进措施
气孔	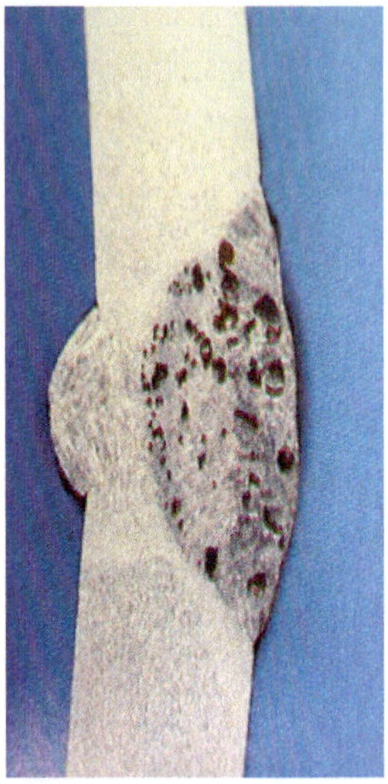	保护气体覆盖不足	增加保护气体流量，排出焊接区的空气（保护不足）
			降低焊接速度
			焊接结束时，在熔池凝固之后再移开焊枪喷嘴
		焊丝污染	使用清洁和干燥的焊丝
			消除焊丝在送丝装置中或导管中黏附上的润滑剂
		焊件污染	焊前清除焊件表面的油脂、油锈、油漆和尘土
		电弧电压太高或焊接速度太快	减小电弧电压或降低焊接速度
		焊件距离太大	减小焊丝伸出长度
裂纹	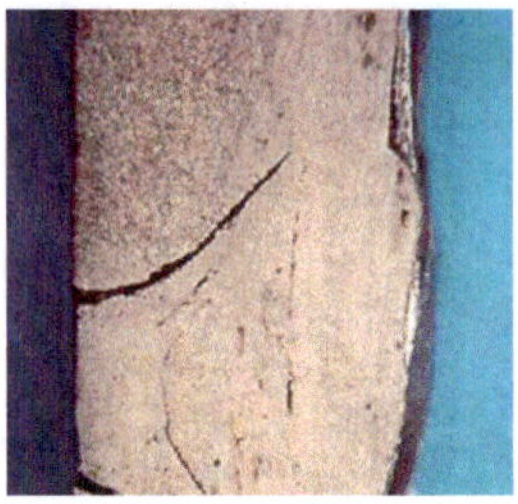	焊缝的深宽比太大	增大电弧电压或减小焊接电流，以加宽焊道而减小熔深
		焊道太窄（特别是角焊缝和底层焊道）	降低行走速度以加大焊道的宽度和焊道的横截面
		焊道末端的弧坑冷却过快	利用衰减控制减小冷却速度
			适当地填充弧坑

（续）

缺陷种类	图示	原因分析	改进措施
裂纹	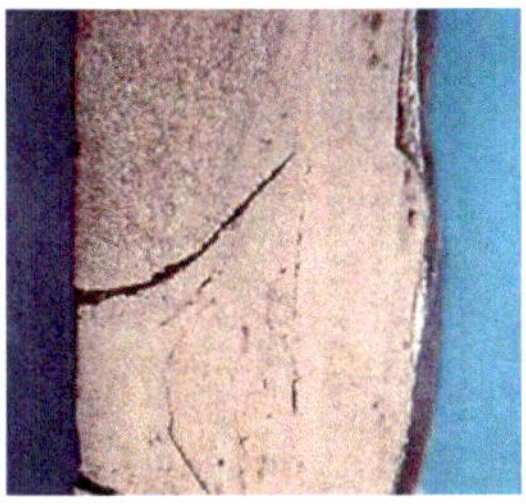	焊道末端的弧坑冷却过快	在完成焊缝顶部焊道时，采用分段退焊技术
		焊丝化学成分与线材不匹配	选择与线材匹配的焊丝
夹渣	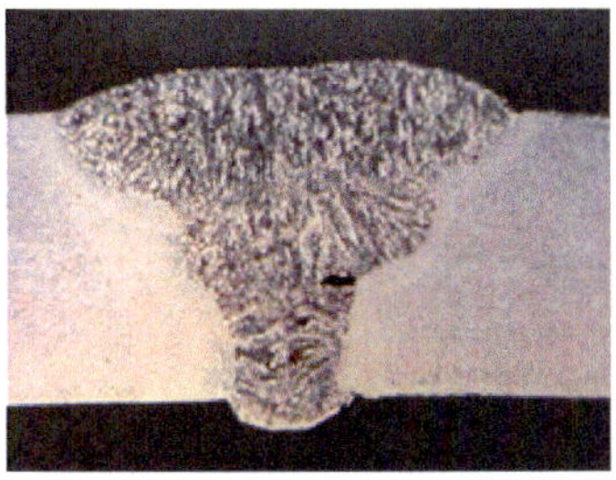	采用多焊道短路电弧（熔焊渣型夹渣物）	在焊后续焊道之前，清除掉焊趾部的渣壳
		行走速度太快（氧化膜型夹渣物）	降低行走速度
			使用含脱氧剂较高的焊丝
			提高电弧电压
		熔池流动性差、深渣浮不出来	选择较大电流
咬边	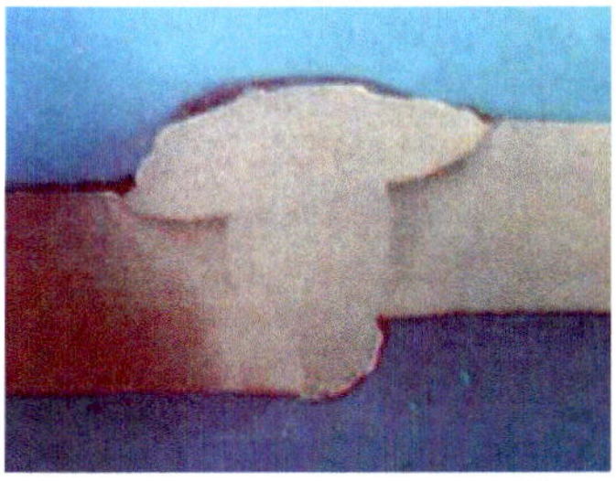	焊接速度过快	降低焊接速度
		电弧电压太高	减小电弧电压
		电流过大	降低送丝速度
		停留时间不足	增加在熔池边缘的停留时间
		焊枪角度不正确	改变焊枪角度，使电弧力推动金属流动
未熔合		焊缝区表面有氧化膜或锈皮	在焊前清理全部坡口面和焊缝区表面上的轧制氧化皮或杂质
		热量输入不足	提高送丝速度、增大电弧电压，降低焊接速度
		焊接熔池太大	减小电弧摆以减小熔池体积
		焊接操作技术不合适	采用摆动技术时，在靠近坡口面的熔池边缘短时停留
			焊丝指向熔池的前沿
未焊透		热输入不足	提高送丝速度，以获得较大的焊接电流，保持喷嘴到焊件的距离合适
		焊接操作不合适	使焊丝保持适当的行走角度，以达到最大的熔深
			使电弧处在熔池的前沿

（续）

缺陷种类	图示	原因分析	改进措施
烧穿	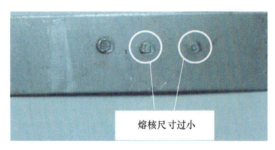	热输入过大	降低送丝速度、减小电弧电压，提高焊接速度
		焊缝处钢板间隙较大，零件不贴和	减小过大的底层间隙

七、点焊焊接质量控制

车身点焊常见的 8 种缺陷是虚焊、裂纹、边缘焊点、烧穿、位置偏差、扭曲、压痕过深和漏焊。

1. 虚焊

虚焊定义：无熔核或熔核直径尺寸小于白车身焊接强度检验控制方法规定尺寸的焊点。虚焊如图 6-19 所示。

熔核尺寸过小

图 6-19　虚焊

焊点直径最小值（参考）见表 6-3。

表 6-3　焊点直径最小值（参考）

主导板厚/mm	最小焊点尺寸/mm
0.65~1.29	4.0
1.30~1.89	5.0
1.90~2.59	6.0
2.60~3.25	7.0

焊点直径：垂直两方向直径的平均值。焊点直径如图 6-20 所示。

焊点直径=(D+d)/2
合格焊点应满足:
焊点直径=$(D+d)/2 \geq d_{min}$

图 6-20 焊点直径

虚焊产生原因:

1）电极不对中。

2）焊接电流小。

3）焊接时间短。

4）电极压力过大（薄板 1mm 以内）。

5）电极水冷不良。

虚焊对策方向见表 6-4。

表 6-4 虚焊对策方向

参数	电极端面直径	电流值	通电时间	压力
对策方向	确认同心度	上升	增加	下降

2. 裂纹

裂纹是一种严重缺陷，具有尖锐的缺口和大的长宽比的特征。裂纹的两端的缺口效应会造成严重的应力集中，很容易扩展形成宏观裂纹。带裂纹的焊件如图 6-21 所示。

注意：焊点表面有电极压力增大产生的焊点表面裂纹（但非较大、较深的裂缝）可以接受；围绕焊点圆周有裂纹则不可接受，如图 6-22 所示。

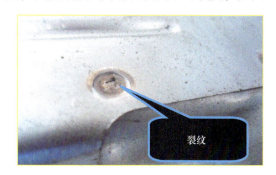

图 6-21 带裂纹的焊件

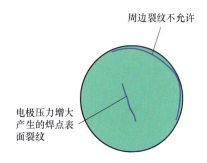

周边裂纹不允许

电极压力增大
产生的焊点表
面裂纹

图 6-22 围绕焊点圆周有裂纹

裂纹产生直接原因：板材金属特性。

裂纹产生间接原因：保持时间短、焊接压力大、电极头部面积小、电极使用时间长。

裂纹对策方向见表 6-5。

表 6-5 裂纹对策方向

参数	电极端面直径	电流值	通电时间	压力
对策方向	确认平坦度	下降	增加	增大

3. 边缘焊点

焊点未被金属板材边缘所包含称为边缘焊点，不可接受，如图 6-23 所示。

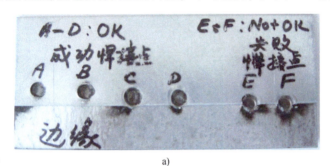

图 6-23 边缘焊点

4. 烧穿

焊点中含有穿透所有钢板的通孔即为烧穿，如图 6-24 所示。

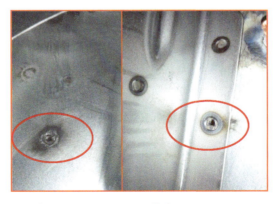

图 6-24 烧穿

烧穿直接原因：保持时间短、焊接电流大、焊接压力小、板材附着脏物、板材金属特性。

间接原因：焊接时间长、电极头部面积大、电极使用时间长、板材匹配间隙过大、焊点未凝固前卸去电极压力，一个电极已到位，另一个还未到位时，若电流已通过，将形成电弧（把空气击穿）造成爆枪。

烧穿对策方向见表 6-6。

表 6-6　烧穿对策方向

参数	电极端面直径	电流值	压力	异物附着
对策方向	确认平整度	下降	增大	清除异物

5. 位置偏差

焊点位置偏离指定位置超过 10mm（未指定位置的，不能偏离超过 20mm）是不可接受的，如图 6-25 所示。

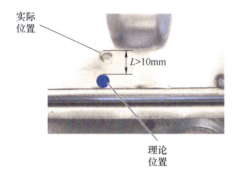

实际位置

$L>10$mm

理论位置

图 6-25　位置偏差

6. 扭曲

焊点造成板材表面扭曲超过 25°是不可接受的，焊点不合格，如图 6-26 所示。

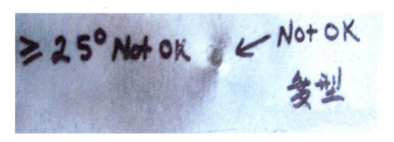

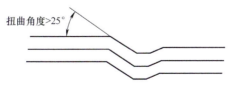

扭曲角度>25°

图 6-26　焊点扭曲

焊点扭曲产生原因：电极与板件不垂直、上下电极不正。

7. 压痕过深

由于通电加压，在焊件表面上会产生与电极端头形状相似的凹痕（即压痕）。电阻点焊压痕过深会降低焊点的强度。压痕过深如图 6-27 所示。

图 6-27 压痕过深

非暴露面焊点压痕深度不得超过钢板厚度的 50%。在暴露面上，焊点压痕深度不得超过钢板厚度的 20%，成形缺陷都要抛光。压痕深度不合格标准如图 6-28 所示。

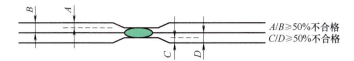

图 6-28 压痕深度不合格标准

压痕过深直接原因：焊接时间长、电极使用时间过长。

压痕过深间接原因：预压时间短、焊接压力小、焊接压力大、焊接电流大、电极头部面积小、冷却不通畅、板材金属特性、焊接角度不垂直。

压痕过深对策方向见表 6-7。

表 6-7 压痕过深对策方向

参数	电极端面直径	电流值	通电时间	压力	焊接角度不垂直
对策方向	增大	下降	减小	减小	调整焊接角度垂直

8. 漏焊

焊点数目少于规定数目称为漏焊，如图 6-29 所示。

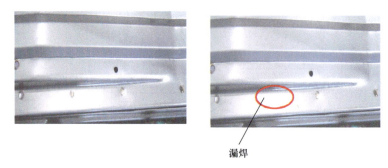

漏焊

图 6-29 漏焊

八、螺柱焊焊接质量控制

1. 螺柱焊的焊接质量检测

（1）螺柱焊的焊接质量评价　螺柱焊的焊接质量评价包括焊接强度和位置精度两方面。

1）目视检查焊接接头。焊接接头处应无气孔、未熔合、裂纹、夹渣等缺陷。

2）锤击检查。在生产过程中，可用锤子敲击焊接螺柱进行非破坏性检查。经锤击检查过的螺柱要用 MIG 焊或 CO_2 焊进行补焊加强。

（2）拧紧力矩检查　对于有安装力矩要求的焊接螺柱，要用指针式扭力扳手进行力矩检查，要求螺柱被加载至 1.5 倍拧紧力矩时接头处不开焊。带螺母的螺柱，经检查后螺母应松开，再用扭力扳手拧紧到螺母的松开力矩（螺母的松开力矩值在带螺母的螺柱的图样上有标注），防止车身涂装时油漆渗入螺柱螺纹与螺母的间隙。

（3）拉伸检查　用专用检查装置拉伸螺柱，当螺柱受力达到要求的检查拉力或达到要求的拉伸位移时，若焊接接头不被破坏，则焊接强度合格。

（4）全拆解检查　对螺柱进行全拆解，观察其熔核直径和形状。

品质良好的螺柱焊如图 6-30 所示。

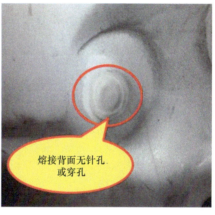

图 6-30　品质良好的螺柱焊

2. 螺柱焊质量控制措施

螺柱焊焊件常见缺陷、产生原因和改进措施见表 6-8。

表 6-8　螺柱焊焊件常见缺陷、产生原因和改进措施

缺陷	图示	产生原因	改进措施
螺柱虚焊或焊核过小		焊接电流过小	调整规范
		焊接时间过短	调整规范
		焊核仅 1/2，焊接时螺柱倾斜	调整螺柱垂直

（续）

缺陷	图示	产生原因	改进措施
螺柱虚焊或焊核过小		焊核仅 1/5，焊接起弧时螺柱距离大或没有接触零件	调整起弧时的螺柱距离
焊穿		工件表面油污等杂质较多	焊前清理工件表面
		焊接电流较大	调整规范
		焊接时间较长	调整规范
焊核气孔粗糙	 	电阻大或没有形成焊核	调整电阻

（续）

缺陷	图示	产生原因	改进措施
熔深不够	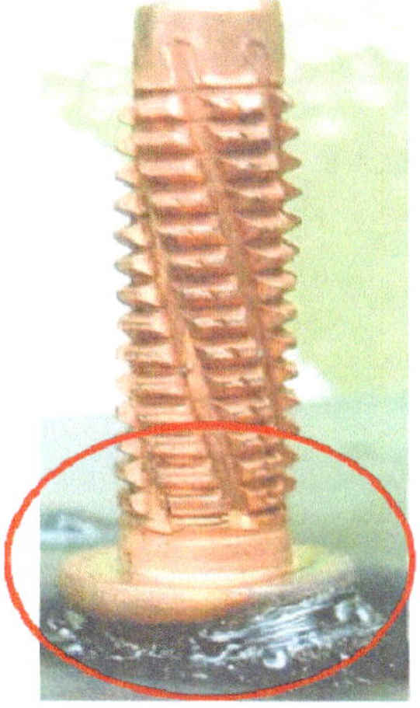	电流过小	将电流调整至合适值
螺柱不垂直		焊枪与工件不垂直	调整焊枪的角度调节旋钮
焊环不对中	 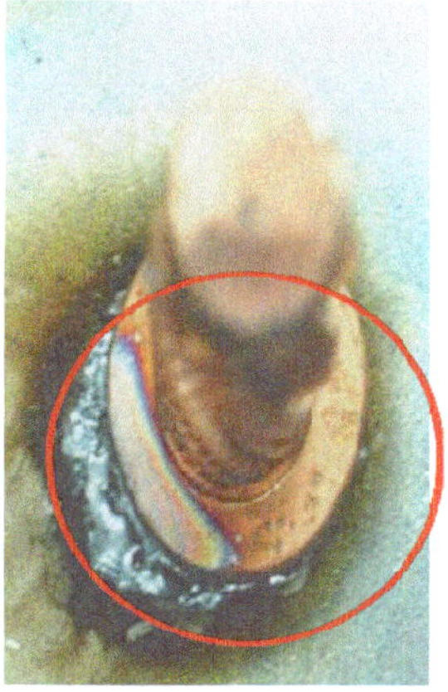	磁偏吹影响	地线对称地布置在焊接位置两侧

(续)

缺陷	图示	产生原因	改进措施
焊钉脱落	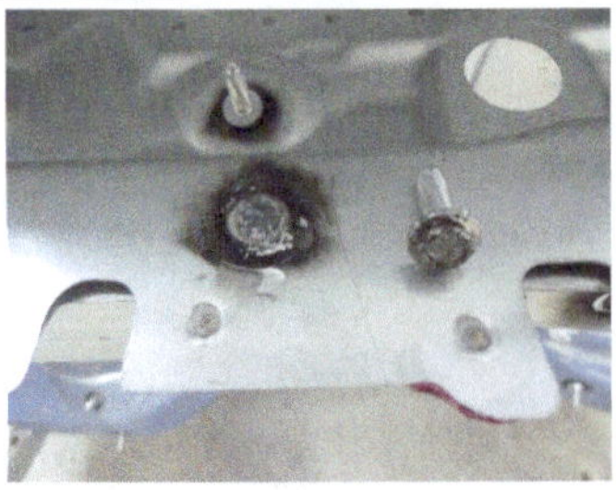	焊接时间不足	调整焊接时间
焊瘤		夹具不合理引发磁偏吹，影响焊核成形	改善夹具

九、激光钎焊焊接质量控制

激光钎焊焊件常见缺陷、产生原因和改进措施见表6-9。

表6-9　激光钎焊焊件常见缺陷、产生原因和改进措施

缺陷	图示	产生原因	改进措施
气孔	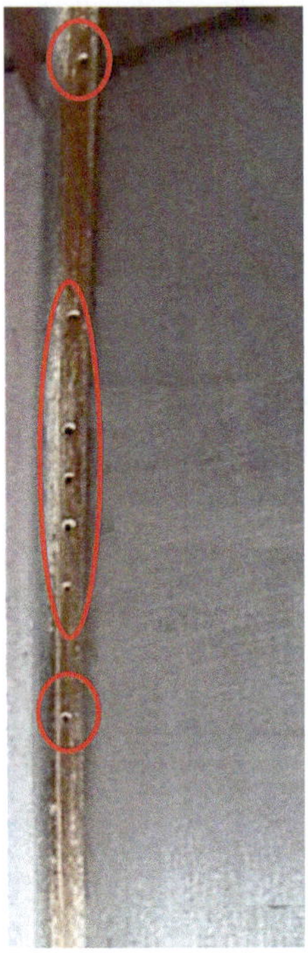	焊接速度过快，导致焊接母材表面的油污或杂质未来得及排出焊缝	调节焊接速度
		焊接钎料本身不清洁或成分发生细微变化使杂质卷入焊缝形成夹杂	检验焊接钎料成分及其稳定性，更换合格焊接钎料

（续）

缺陷	图示	产生原因	改进措施
气孔	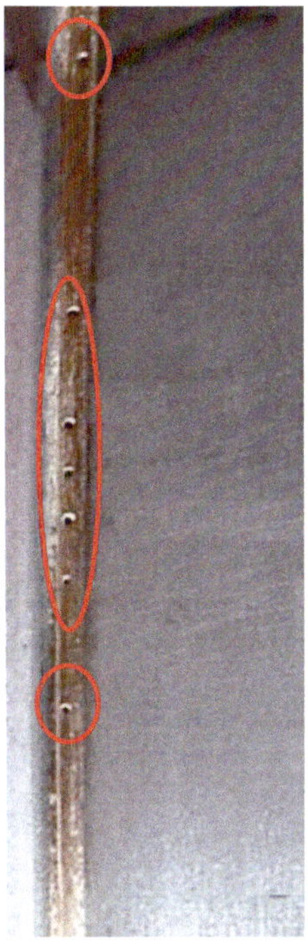	焊接温度过高，导致冶金产生气体或焊缝保护气体溶解于熔钎料未能及时排出，在焊缝冷却过程中慢慢析出形成气孔	调节焊接温度
		板材搭接尺寸精度在该位置发生变化，在钎料不足的情况下焊缝表面有张力并急速冷却，使内部空洞未来得及补充而形成气孔	检查夹具精度，确保母材间隙始终处于规定范围内且不能有较大尺寸突变
单边未焊接（焊缝形成后只与一边板材接触而不与另一边板材接触）	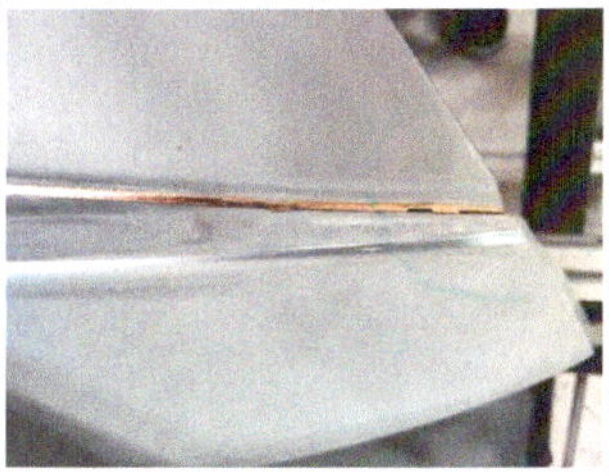	母材间隙尺寸发生突然变大的情况	检查间隙变大的原因，调整工装夹具精度，确保板材间隙在规定范围内
		激光束焦点不正确	检查并调整激光系统，对准激光束焦点
		激光器保护玻璃不清洁	需清洁玻璃保护罩
		机器人运行轨迹不正确	测定运行轨迹的偏差并做出相应调整
未焊接	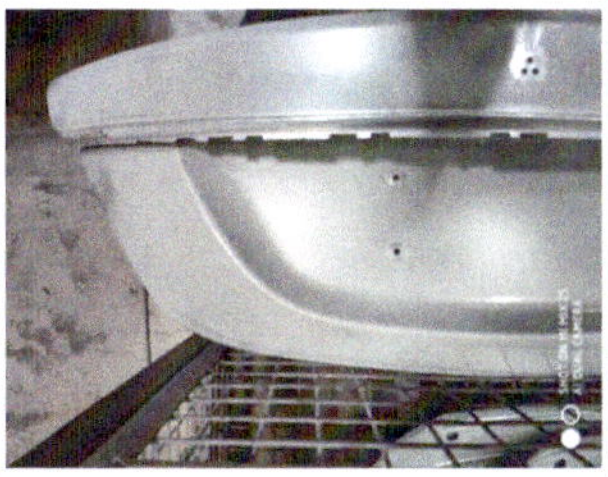	板材之间间隙太大，远远超过规定数值，熔化钎料直接从板材间隙流走并在其他部位形成固体焊瘤	检查控制板材间隙尺寸的夹具是否发生尺寸变化，及时进行调整或更换
		钎焊丝被卡住，无法完成入料要求	检查焊丝盘是否有缠绕现象发生，及时理顺焊丝。检查送丝机是否存在卡丝现象，及时润滑部件或更换相应备件，如送丝软管

（续）

缺陷	图示	产生原因	改进措施
未焊接	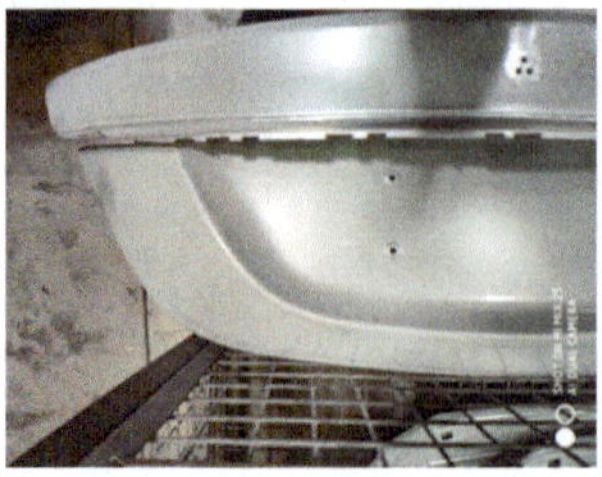	激光设备出现故障，在此时未发射激光	检查激光发生设备电路系统或输出系统。检查激光反应物质是否受到污染
焊缝稀薄	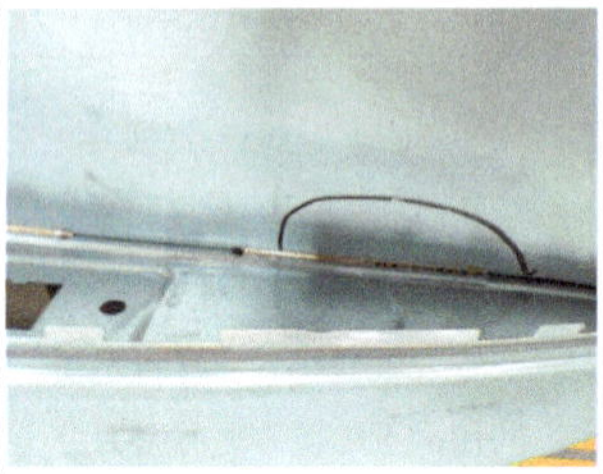	两母材间隙尺寸变大，已超过焊料可以填充的间距，焊料在此处下陷，降低了焊缝高度并增大了焊缝宽度，导致焊缝稀薄	检验板材和夹具的精度确保质量稳定性，保证两母材间隙尺寸在要求范围内
		有轻微卡丝现象发生，如果送丝机此时因钎焊丝上有异物或油脂而打滑，会导致送丝速度变慢导致焊缝稀薄	清洁钎焊丝，检查送丝机是否有轻微卡丝的现象，及时润滑送丝机运动部件，更换有阻塞情况的送丝软管
焊缝起始或收尾处缺陷	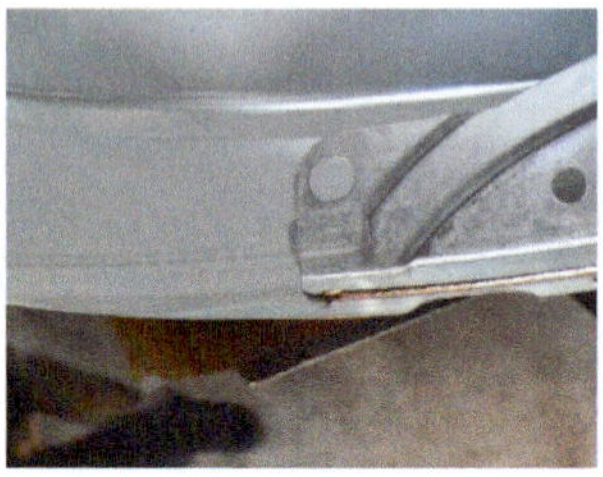	焊缝在起始和收尾处，板材形状有较大变化，钎料的流动不易控制	提高板材配合精度，确保在板材拐弯处间隙的尺寸
		板材在拐弯处有两个方向的间隙控制参数，其精度受影响较大，因此焊缝在此处都会有一定尺寸的变化	保证激光头处在要求的入丝角度上
		激光关断和送丝关断在时间匹配上有误差	检查激光器关断和送丝机关断的时间匹配度

任务实施

工作任务 1　判断 CO_2 气体保护焊焊件缺陷类型

【任务目标】

能够正确判断 CO_2 气体保护焊焊件缺陷类型。

📋 【工作准备】

1）器材：焊接缺陷件若干。

2）场地设备室：焊接实训室。

⚠ 【实施步骤】

判断以下缺陷属于哪类焊接缺陷，分别有哪些可能的原因和解决方法？

序号	缺陷图片	缺陷类型	可能的原因	解决方法
1				
2				
3				

（续）

序号	缺陷图片	缺陷类型	可能的原因	解决方法
4				
5				
6				

【任务评价】

判断 CO_2 气体保护焊焊件缺陷类型考核评价表

姓名：　　　　　　学号：　　　　　　　　　　　　　　　日期：　年　月　日

项目	评价标准	分值	得分
穿戴劳保用品	穿戴劳保用品符合要求	5	
	设备、配件、工具齐备	5	

（续）

项目	评价标准	分值	得分
判断焊接缺陷，分析原因，给出改进措施	能够判断焊缝金属裂纹缺陷并分析原因，给出改进措施	10	
	能够判断夹渣缺陷并分析原因，给出改进措施	10	
	能够判断气孔缺陷并分析原因，给出改进措施	10	
	能够判断咬边缺陷并分析原因，给出改进措施	10	
	能够判断未熔合缺陷并分析原因，给出改进措施	20	
	能够判断飞溅缺陷并分析原因，给出改进措施	10	
	能够判断烧穿缺陷并分析原因，给出改进措施	10	
5S	现场执行 5S（整理、整顿、清扫、清洁、素养）	10	
教师签字		实操总成绩（总分 100 分）	

工作任务 2　判断点焊焊件缺陷类型

◎【任务目标】

能够正确判断点焊焊件缺陷类型。

🔧【工作准备】

1）器材：焊接缺陷件若干。

2）场地设备室：焊接实训室。

⚠【实施步骤】

判断以下缺陷属于哪类焊接缺陷，分别有哪些可能的原因和解决方法？

序号	缺陷图片	缺陷类型	可能的原因	解决方法
1				

（续）

序号	缺陷图片	缺陷类型	可能的原因	解决方法
2				
3				
4				
5				

（续）

序号	缺陷图片	缺陷类型	可能的原因	解决方法
6				

【任务评价】

判断点焊焊件缺陷类型考核评价表

姓名：　　　　　　　学号：　　　　　　　　　　　　　　　日期：

项目	评价标准	分值	得分
穿戴劳保用品	穿戴劳保用品符合要求	5	
	设备、配件、工具齐备	5	
判断焊接缺陷并分析原因，给出改进措施	能够判断虚焊缺陷并分析原因，给出改进措施	10	
	能够判断裂纹缺陷并分析原因，给出改进措施	10	
	能够判断边缘焊点缺陷并分析原因，给出改进措施	10	
	能够判断烧穿缺陷并分析原因，给出改进措施	10	
	能够判断位置偏差缺陷并分析原因，给出改进措施	10	
	能够判断扭曲缺陷并分析原因，给出改进措施	10	
	能够判断压痕过深缺陷并分析原因，给出改进措施	10	
	能够判断漏焊缺陷并分析原因，给出改进措施	10	
5S	现场执行 5S（整理、整顿、清扫、清洁、素养）	10	
教师签字		实操总成绩（总分 100 分）	

参 考 文 献

[1] 姚佳，李荣雪. 金属材料焊接工艺 [M]. 3 版. 北京：机械工业出版社，2021.

[2] 姚博瀚，肖良师，袁亮. 汽车焊装技术 [M]. 2 版. 北京：北京理工大学出版社有限责任公司，2019.

[3] 伍广. 焊接工艺 [M]. 2 版. 北京：化学工业出版社，2009.

[4] 韩国明. 焊接工艺理论与技术 [M]. 2 版. 北京：机械工业出版社，2017.

[5] 曹朝霞，曹润平. 特种焊接技术 [M]. 北京：机械工业出版社，2018.